Alain LEQUIEN

Secrets et légendes du Jura #1

Traces des temps antiques, Fantômes et esprits, Légendes jurassiennes, La sorcellerie dans le Jura.

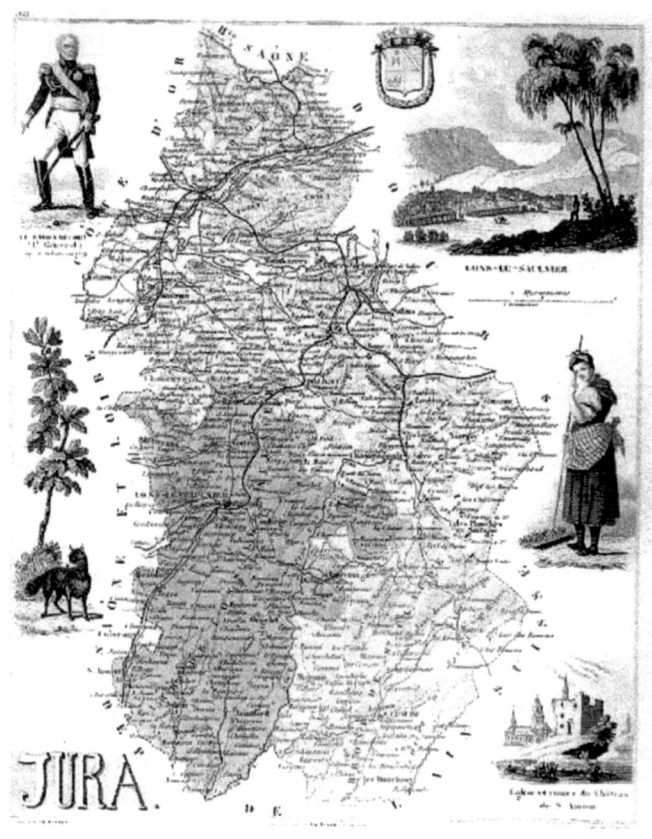

La carte du département du Jura.
L'habitant du Jura est le véritable type de Burgonde du 5e siècle auquel Sidoine Apollinaire donnait l'épithète de Septites. (Collection privée, 1874).

Traces des temps antiques

Au temps des dinosaures

Faisons un saut dans le temps... à celui du Jurassique il y a environ cent quarante-huit millions d'années.
Nous sommes au bord d'une mer chaude et peu profonde, des lagunes, des bancs de sable et de vase, des terres faiblement émergées à la végétation localement luxuriante.

De nombreux troupeaux de dinosaures marchent dans ce sol meuble en laissant leurs empreintes. Le fort ensoleillement sèche le sol, la mer recouvre les empreintes de sédiments très fins, puis un nouvel ensoleillement...

Plus tard, les plaques montagneuses vont bouger provoquant les plissements de la chaîne du Jura.

Cette combinaison de faits climatiques va nous permettre de traverser des millions d'années avant de nous parvenir.

Le reptile terrifiant de Poligny

Des restes de Platéosaurus (lézard plat) furent trouvés en 1862 dans la forêt de Chassagne près de Poligny, lors du creusement de la voie de chemin de fer Bourg-Besançon. D'autres furent trouvés à Villette, Domblans et Feschaux (Jura), à Beure (Doubs) et en Haute-Marne.

Au 19e siècle, on imaginait cet animal comme étant un carnivore bipède. En 1890, il est décrit comme « *un gigantesque reptile marin de trente mètres de long,* » si bien qu'il fut surnommé *Dimodosaurus Poligniensi*, *le reptile terrifiant de Poligny*.

Long de sept à neuf mètres, pesant une à deux tonnes, il vécut il y a plus de deux cents millions d'années, à l'époque appelée *Trias supérieur*. Dinosaure européen, il était répandu sur un territoire ressemblant à un grand bassin parcouru de grandes rivières, avec un peu de reliefs.

Herbivores, ils vivaient de prêles, ginkgos, conifères et fougères souvent arborescentes. Assez communs, ils se groupaient en troupeaux, s'assurant une meilleure protection contre les prédateurs. Ils côtoyaient de nombreux autres animaux.

D'autres ossements furent découverts en 1982 par des adolescents lédoniens (habitants de Lons-le-Saunier). D'autres fouilles eurent lieu de 1990 à 1992 par une équipe de paléontologues du CNRS. L'animal se révélera être le plus vieux dinosaure de France.

Les traces de dinosaures de Coisia

Coisia est un village de deux cents habitants situé au pied du château d'Oliferne, un château où d'étranges histoires apparurent au fil du temps.

En 2004, Thibaut M., un enfant curieux de onze ans habitant le village, remarqua sur une paroi rocheuse des sortes de gros pas d'animaux. Était-ce l'effet de l'imagination d'un enfant ? Question supplémentaire : pourquoi ces traces se situaient-elles verticalement sur une paroi ?

« C'était un soir, raconta-t-il. *J'ai vu ça et, je ne sais pas pourquoi, ça m'a fait tilt ! J'adore les dinosaures et je me suis dit que ça pouvait être des empreintes... Je l'ai dit aux gens... Mais sur le coup mes parents ne m'ont pas cru ».*

Quelques semaines plus tard, le président de la Société des naturalistes d'Oyonnax identifia et confirma les empreintes. Il s'agit, selon les spécialistes, de trace de dinosaures Sauropode quadrupèdes, proches des Diplodocus, de grande taille au long cou doté d'une petite tête. Herbivores, ils peuvent peser vingt à trente tonnes et mesurer vingt à trente mètres de longueur.

Ce gisement de près de deux cents pas sur deux cents mètres carrés est exceptionnel puisqu'il est le seul site préservé de la période dite du Tithonien datant de cent quarante à cent cinquante millions d'années.

Le premier chantier de sauvetage eut lieu en 2006, avec l'objectif de sauvegarder les vestiges à l'aide de moulages en taille réelle réalisés sur place sous le regard étonné des habitants.

Les pistes de dinosaures de Loulle

Une nouvelle découverte se fit jour la même année dans une carrière inexploitée depuis une trentaine d'années située à Loulle, un petit village jurassien d'environ deux cents âmes.

En faisant son footing au lieu-dit *Le Bois aux salpêtriers*, Jean-François R. ayant travaillé sur le site de Coisia découvrit une série d'empreintes formant une ligne. Il reconnut une piste de sauropodes.

De 2006 à 2009, ce fut une nouvelle aventure pour lui et les paléontologues après les découvertes de Coisia et de Courtedoux en Suisse.

Depuis, plusieurs campagnes de recherche permirent d'identifier près de trois mille d'empreintes correspondant à une vingtaine de pistes de plusieurs individus, sur trois à quatre mille mètres carrés. La taille de ces traces varie de vingt centimètres à un mètre. Elles dateraient d'environ cent cinquante-cinq millions d'années, au cours de la période dite de l'Oxfordien terminal. Chose étonnante, plusieurs couches de pistes se superposent.

Loulle était donc situé sur le passage d'animaux préhistoriques, de gigantesques sauropodes au long cou, herbivores de type diplodocus dont la taille variait de dix à trente mètres. Le poids de ces animaux variait de cinq à trente tonnes et sa hauteur de quinze mètres correspond à un immeuble de trois étages. Il pouvait engloutir deux tonnes de végétaux par jour, essentiellement prêles géantes, cycas et conifères.

Leur vitesse de déplacement était de l'ordre de trois à quatre kilomètres à l'heure. Les chercheurs pensent aussi qu'il y avait pu y avoir la présence de théropodes, formant un groupe très diversifié de dinosaures.

Selon M. Jean-Michel Mazin[1], *« il s'agit d'une zone de passage de ces grands dinosaures, entre ce que l'on appelle aujourd'hui le massif vosgien et Massif central. »*.

---

[1] Directeur de recherche au laboratoire paléoenvironnement et paléobiosphère de l'université Claude Bernard de Lyon, auteur de nombreux ouvrages.

Et il ajoute : « On pensait qu'à cette époque, cette zone était recouverte par les eaux. Grâce à ces découvertes, on sait qu'il y a eu des immersions. Que la mer s'est retirée à plusieurs reprises. »

On est donc en face d'une sorte d'autoroute de dinosaures. Dans le jargon des spécialistes, il s'agit d'un *megatracksite*, un des dix sites mondiaux majeurs d'empreintes. Cet ensemble de plusieurs espèces différentes est donc tout à fait exceptionnel par son étendue et par sa richesse.

Pour permettre la lisibilité des traces par les visiteurs du site, certaines traces ont été peintes.

Il reste de multiples questions en suspens. S'agit-il d'un troupeau unique ? Combien de temps ce lieu de passage a-t-il existé ? Plusieurs générations se sont-elles succédé au cours du temps ? Pourquoi ce lieu et quel était le but du périple de ces animaux ? Pourquoi ces animaux à cet endroit précis ? Existe-t-il d'autres lieux, situés non loin de là, où d'autres découvertes sont possibles ?

Selon le découvreur[2] : *« l'attrait touristico-économique est indéniable, tout comme l'aspect pédagogique avec des visites de classe organisées sur site. Si chacun y met du sien, il est possible de trouver un compromis pour la protection du lieu. »*

---

[2] Interview dans la Voix du Jura du 23 juillet 2009.

Le Jura voit réapparaître son passé très lointain qui ne peut laisser indifférent. Par cette découverte, Loulle deviendra l'un des plus hauts lieux européens de la paléontologie, bouleversant ainsi sa destinée.

Encore faudrait-il que le site soit protégé, cela devient maintenant très urgent.

Alors, si vous passez par-là, n'hésitez pas à suivre la flèche : *la piste des dinosaures*. Depuis 2014, des aménagements ont été réalisés. Quand vous serez sur le site, respectez le travail des chercheurs qui, avec une grande minutie, tentent de reconstituer notre histoire pour comprendre notre passé.

Les palafittes du lac de Chalain

La Reculée[3] de Chalain, à Marigny possède des falaises impressionnantes de près de quatre-vingts mètres, servant d'écrin à l'un des plus grands lacs naturels de France – près de trois kilomètres de long sur plus d'un kilomètre de large. Le lac de Chalain est un lieu magnifique, aux eaux tranquilles, dont le niveau ne subit que de faibles variations.

Déjà, dans les années 1850, Alphonse Rousset[4] nous signalait ce lieu comme une terre druidique. On avait en effet trouvé à Fontenu une hache en bronze qui aurait pu être employée aux sacrifices et, sur les rives du lac, des haches celtiques en pierre de jade. Par ailleurs, la voie romaine de Besançon à Poligny passait au Pont-du-Navoy, et longeait le lac de Chalain, pour se diriger ensuite vers Clairvaux.

Un chercheur, Édouard Clerc, avait identifié près du lac, un retranchement militaire et quarante-trois tumulus disposés comme une couronne funéraire. Selon la tradition, ces monuments se rapportaient à une grande bataille qui aurait eu lieu dans la Combe d'Ain, entre les Gallo-Romains et les hordes germaniques.

---

[3] Une reculée est un terme désignant une échancrure prononcée dans un plateau calcaire du Jura constituant un type de vallée caractéristique.
[4] ROUSSET, Alphonse, Dictionnaire géographique, historique et statistique des communes de la Franche-Comté - 1853-1858 – 6 volumes

Toutefois, les premiers titres qui mentionnent Fontenu comme un lieu reconnu ne datent que du 12e siècle. Pour quelle raison ? Mystère de la retranscription peut-être ?

Une autre question se pose. Pourquoi l'homme préhistorique est-il venu s'installer ici ? Pourquoi a-t-il choisi d'habiter sur une cité lacustre, les *palafittes* ?

Ces cités lacustres se composaient d'habitations de bois construites sur des plates-formes soutenues par des pieux fichés en terre. Elles pouvaient être établies au sec, sur les rives des lacs, ou directement dans l'eau. Plusieurs questions demeurent pourtant : quels sont les événements qui ont poussé ses habitants à quitter la terre ferme pour s'isoler presque au milieu du lac ? Par protection ? Contre des animaux ? Il demeure plusieurs mystères non encore résolus.

Les traces des palafittes furent découvertes à l'occasion d'une longue sécheresse en 1870. En effet, le niveau baissa d'environ un mètre cinquante, laissant apparaître aux yeux du propriétaire, Jules Le Mire, la présence de têtes de pieux dépassant du sol de craie lacustre récemment exondé[5]. Jules le Mire eut connaissance de l'ouvrage écrit quelques années auparavant (1860) par Frédéric Troyon.[6] Il prit conscience qu'il venait de découvrir la première station de ce type en France.

---

[5] PETREQUIN, Pierre, BAUDAIS, Dominique, Les sites littoraux néolithiques de Clairvaux-les-Lacs (Jura), Editions MSH, 1989.

[6] TROYON, Fréderic, Habitations lacustres des temps anciens et modernes, Lausanne 1860.

Ces constructions appartenaient à la culture d'Horgen[7], datant d'environ trois mille sept cents ans av. J.-C. C'était la période de la sédentarisation des hommes du néolithique et de l'apparition de nouveaux outils pour le travail du bois et de la terre. Plus tard, le site fut occupé par les Gaulois comme l'attestent les anneaux et les pièces d'armure trouvées sur place. Les lieux visibles forment un ensemble unique eu Europe.

On identifia plusieurs lieux. Le premier est situé à trente mètres du rivage, au lieu-dit *Fontaine-Froide*, le second à cinquante mètres du rivage, au lieu-dit *L'Ilot-des-Roseaux*, le troisième à cent cinquante mètres du rivage, en face de l'îlot de la Grande-Passerelle. Enfin, un village palafitte se situe à cent cinquante mètres au large du rivage, au lieu-dit *Lac de Chalain.*

Quatre autres endroits vinrent compléter cette découverte. A Marigny, aux lieux-dits *Les Vernois* et *La Saire*. A Doucier, aux lieux-dits *Sous le Crosot* » et *Aux Fourneaux.*

La présence des hommes dans des habitations indique aussi présence de tumulus permettant de rendre hommage aux morts. Ils se trouvaient sur le Mont-Dieu et sur le Moulin, à Marigny.

---

[7] D'origine indo-européenne, dénommée tribu de Pfyn qui ira aussi s'installer en Suisse où ils vont fonder la civilisation de Horgen.

Le Jura français n'est pas le seul lieu où existaient des palafittes. On en trouve en Suisse (même civilisation), au lac de Neuchâtel, au lac Léman., au lac de Zurich, mais aussi en France, au lac de Paladru… en Italie au lac de Garde…, en Allemagne. Les palafittes du lac de Chalain restent les plus emblématiques de cette période.

Les vestiges de ces habitations lacustres, une pirogue et divers objets sont visibles au musée d'archéologie de Lons-le-Saunier.

Les tumulus de Menétrux-en-Joux

Dès le 19e siècle, de nombreux tumulus furent observés et étudiés dans le Jura notamment près de Lons-le-Saunier, Clairvaux-les-Lacs, Salins, Gevingey, Conliège...

J'ai choisi de vous parler du site le plus important, celui de Menétrux-en-Joux, petit village bâti sur le plateau du Val de Chambly situé dans l'arrondissement de Lons-le-Saunier.

Découvert par Louis-Abel Girardot[8] en juillet 1887, ce groupe d'une quarantaine de tumulus (éminence de terre et de pierres recouvrant une sépulture) est situé sur un petit plateau rocheux portant les noms des lieux-dits *sur la Côte et le bois des abreuvoirs.* Ils attestent la présence des hommes dans cette région.

Deux tumulus seulement furent fouillés. Le premier situé sur le bord occidental du plateau le fut avec une grande méthode. De grande taille, il se composait d'une masse centrale recouverte vers le sommet du tertre par des pierres plates mélangées à de la terre.

Le diamètre de sa base circulaire était de douze mètres sur une hauteur d'un mètre soixante. Il s'agissait d'un tertre funéraire comprenant une masse centrale formée de plusieurs couches en forme de calottes superposées. Des traces de charbon et des cendres permirent d'avancer l'hypothèse qu'on y avait pratiqué l'incinération d'un personnage important.

---

[8] GIRARDOT, Louis-Abel, Bulletin de la Société d'émulation du Jura, 1888.

Le noyau central en partant de la base se décomposait ainsi
- Une couche terreuse de trente-cinq centimètres avec sable, charbon et boue ;
- Une couche archéologique d'une quarantaine de centimètres composée de poteries, et plusieurs rangées de pierres plates disposées horizontalement ;
- Au centre et à l'est, une couche de terre avec des alternances de coloration rougeâtre ou blanchâtre. Puis, un lit de grosses pierres sur lequel est posée de nouveau une couche de terre.
- Enfin, au sommet, de nouveau des pierres.
- Le pourtour est formé de pierres plates disposées debout, en lignes concentriques irrégulières.

Les tessons recueillis ne permirent pas de reconstituer un vase en entier. Le découvreur parle d'un vase pansu avec des lignes circulaires en dessous du rebord. Il semble y avoir une parenté avec une poterie découverte auparavant à la station de Ney (Jura) par le même découvreur. Il daterait de la période préhistorique jurassienne contemporaine des palafittes déjà décrits.

Le second, de taille plus modeste, s'est révélé être un modèle beaucoup plus répandu.

Au milieu des pâturages, jadis une forêt, apparaissait un autel druidique de forme circulaire ayant deux mètres de diamètre sur un mètre vingt de hauteur. Selon les superstitions populaires, cette pierre était considérée avec un grand prestige et semblait disposer d'un pouvoir mystérieux. Aujourd'hui, elle a disparu.

Les temps druidiques

Peu de monuments antiques sont plus troublants que ces pierres levées que l'on trouve ici et là en Europe occidentale, notamment dans le Jura. Beaucoup de thèses ont été émises pour y apporter une explication. Où se trouve la vérité, s'il en existe une ?

Ce phénomène n'est pas propre à nos régions. La construction des tombes de pierre comme le dolmen découle naturellement de l'inhumation dans les cavernes.

Par contre, l'érection de pierres levées isolées ou en allées ne semble répondre à aucune pratique.

Le mystère s'épaissit si l'on se questionne sur la main-d'œuvre et les techniques nécessaires. Nos connaissances sur cette période nous font penser que les habitants étaient des cultivateurs ou des chasseurs du néolithique vivant en petites communautés, possédant des outils et une technologie primitive. Ils étaient incapables d'avoir l'idée de les construire en leur donnant du sens.

Si ce n'est pour une raison pratique, c'était peut-être pour répondre à un besoin spirituel. Existait-il une élite ou un clergé capable de concevoir de telles réalisations ? On peut le penser, car la religion celte dominait avec ses druides, ses prêtresses…

Toutefois, peut-on aller plus loin, au-delà des croyances, vers quelque chose de plus factuel ? On pense naturellement à l'étude des planètes.

Se pose alors la question du bâtisseur : qui étaient-ils pour manipuler ces mégalithes ? Existe-t-il un *peuple des pierres* comme l'on imaginait quelques études ?

De façon plus prosaïque, sous la dépendance des religieux celtes, nos ancêtres ont le plus souvent utilisé ce que la nature leur proposait sur place. Certaines pierres isolées préexistaient, amenées sans doute par les évolutions géologiques au cours des siècles. Là en effet, elles furent manipulées, travaillées pour répondre aux besoins de lieu de rassemblement pour le culte.

La religion a permis de créer un lien social commun à toutes ces petites communautés, à la fois dans les rites, mais aussi dans les croyances dans un monde futur.

Cette explication plausible pour les pierres isolées ne l'est pas pour les grands ensembles tels Carnac, Stonehenge... Pour ces réalisations, nous sommes dans une autre dimension, une autre logique de puissance que nous ne trouvons pas dans notre département.

La Pierre Enon, à Arinthod

À proximité d'Arinthod, un village réputé de sorciers au 16e siècle se trouve l'étonnant cirque de Vogna creusé dans la roche calcaire par un glacier qui recouvrait le Jura durant la glaciation.

Le glacier a laissé la place à un gros rocher d'environ quatre cents tonnes, la Pierre Enon. Le terme celtique *hénon* signifierait vieillard. La forme caractéristique du bloc a marqué les esprits des peuples anciens qui y voyaient peut-être une manifestation des dieux.

La tradition voulait qu'autour de ce bloc, se déroulassent des événements étranges.

S'agissait-il de sabbats de sorcières ? Du retour de druidesses d'un autre temps pour sacrifier à leurs rites ? De fées ou autres dames blanches dansant au clair de lune ? La tradition disait aussi qu'elle ne tournait qu'une fois tous les cent ans...

On rapporte qu'au 18e siècle, quatre pierres coniques l'encadraient.

Des recherches permirent de mettre à jour de grosses fibules en bronze datant du 3e siècle av. J.-C. Selon les spécialistes, leurs tailles démesurées seraient liées à une utilisation lors de pratiques religieuses.

Devant la Pierre Enon, on peut apercevoir un bloc plus petit, ayant la forme d'un siège. S'agit-il d'une forme issue de la nature ou remplissait-elle un rôle lors de cérémonies anciennes ?

La Croix-qui-vire du Bon-Repos, à Choisey

Selon le célèbre auteur Désiré Monnier[9], « *le territoire de Choisey est le pays féérie des environs de Dole ; c'est le rendez-vous des esprits depuis les temps celtiques jusqu'à nos jours* ». Choisey est l'un des plus anciens villages de la Séquanie.

Ainsi, à la limite des communes de Choisey et de Gevry, au hameau du Bon Repos, on pouvait voir cet ancien monument druidique[10].

---

[9] MONNIER, Désiré, Traditions populaires comparées: mythologie, règnes de l'air et de la terre, 1854.
[10] ROUSSET, Alphonse, Dictionnaire géographique, historique et statistique des communes de la Franche-Comté – 1853-1858.

Selon la légende, il tournerait sur lui-même tous les cent ans, à minuit pile, le jour de Noël.

En dessous se trouverait une cavité qui aurait permis de cacher un trésor gardé par un dragon ou un démon. Les sorciers y auraient tenu autrefois leur sabbat, disait-on, ce qui justifierait l'origine du nom de Bon Repos du lieu-dit.

Les Romains, toujours âpres à récupérer des lieux ou à s'inclure dans les traditions anciennes, la convertirent en colonne militaire. Puis, dans l'ordre des choses, ce fut sa christianisation en l'honneur de Saint-Pierre. Elle aurait disparu pendant un long moment et ne fut redécouverte qu'en 1699. La croix retrouvée ne serait-elle pas plutôt une nouvelle édification ?

Près du hameau de Parthey, on fit une découverte en 1720. Il s'agit d'un buste d'applique émergeant d'un calice de feuilles ; il représente une femme non drapée portant un diadème dont le bord est orné de perles. Venus ? Les globes des yeux ont été creusés pour recevoir des pupilles émaillées qui ont disparu lors de l'occupation allemande de la Seconde Guerre mondiale. Elle est conservée de nos jours au musée de Dole.

Puis, un fragment de pierre tumulaire sur lequel on pouvait lire une inscription faite de sigles et de mots traduits du romain par D. Monnier :

« La république a érigé ce monument aux dieux Mânes et à Gallus Junius Flaccus, fils de Gallus Junius. »

Enfin, une pierre de taille de six pieds de haut, se terminant en pointe comme un obélisque, en l'honneur des dieux Mânes et à Martina. Il semble bien que ce lieu fût un lieu où se déroulaient des rituels romains.

Le Menhir de la Cheverie, à Foncine-le-Haut

Dans la presqu'île de la Cheverie, sur la rive droite de la Sène[11], à la limite du département du Doubs, se trouve un bloc de rocher isolé dénommé le Menhir de la Cheverie (ou Chevry).

D'où vient ce nom de Cheverie ? Au premier abord, on peut penser qu'il désigne un lieu où paissaient des chèvres. Cela semble facile. Pourtant, les historiens, se rapportant à l'histoire ancienne du lieu, ont choisi une autre explication, plus adaptée à la réalité du terrain.

En langue celtique, le mot *cheve* peut se traduire par *rendre la justice*. Si nous suivons cette hypothèse, nous nous trouvons donc dans une sorte de tribunal où se relaient les conflits.

Au début de sa prise en compte, cette pierre fut considérée comme un accident de la nature. Sa hauteur est telle qu'on ne peut l'atteindre qu'avec une échelle. Au sommet, on a découvert la présence d'un trou pratiqué par la main de l'homme. Il n'y a donc rien de dû au hasard. Tout porte à croire que nous nous trouvons face à un monument gaulois connu sous le nom de *menhir peulven*, dit aussi pierre fiche, pierre levée ou pierre debout.

La première explication serait qu'il aurait pu être surmonté d'une autre pierre, tournant sur un pivot,

---

[11] Le nom de Sène (*sen* en langue celtique signifie saint) rappelle le souvenir des prêtresses druidiques, ces fées séquanaises qui prédisaient l'avenir et possédaient l'art de guérir les maladies les plus cruelles.

représentant une pierre branlante ou croulante. Dans la tradition druidique, ces blocs singuliers étaient considérés comme des pierres probatoires permettant de prouver la culpabilité des accusés. On était convaincu du crime imputé si on ne pouvait pas faire mouvoir la pierre branlante. Cette explication est compatible avec le nom du lieu, la Cheverie, où se trouverait le tribunal.

L'autre explication tout aussi logique, tout en reconnaissant son origine druidique, serait due à la christianisation du menhir en voulant y fixer une croix.

Ainsi, ce lieu laisse présager qu'il y a eu dans la région une grande activité druidique.

Le Champ du Milieu de Molain

La forêt des Moidons[12] constitue un vaste ensemble forestier installé sur des sols superficiels, lapiaz… Autrefois dénommée Moydon, Molain a souvent changé de nom. En 1029, il était désigné sous le nom de Médiolanum. Or, selon l'abbé Jolibois de Trévoux, Mediolanum serait un mot dérivé de *Mylan,* qui en langue celtique, signifie *Champ du Milieu* ou *Champ Feu*. C'était donc le lieu des réunions annuelles d'une confédération gauloise.

Cette pratique est confirmée dans les écrits de César :

« *Les Gaulois se réunissaient chaque année, à une époque fixe, sur le territoire des Carnutes, qui est considéré comme le milieu de la Gaule, dans un lieu que leur religion leur fait considérer comme sacré. Là se jugent les*

---

[12] ROUSSET, Alphonse, Dictionnaire géographique…, opus cité.

différends des peuples et des particuliers, là se formulent en commun les décrets et les ordonnances qui tenaient lieu de loi à la nation entière... »

Le Mediolanum n'était pas en ville, mais en rase campagne où l'on campait sous des tentes. Le plus souvent, des foires s'établissaient pour les besoins de ces nombreuses réunions d'hommes.

La forêt de Moydon, *sylva Maydunensis*, proche du village actuel de Molain renferme plusieurs monuments druidiques. Le *Champ Feu* qui n'en est pas éloigné, et dans lequel on a découvert une quinzaine de pièces de monnaie gauloises.

Selon toute vraisemblance, nous nous trouvons dans un lieu où pouvaient se réaliser une certaine plénitude religieuse, une sorte de lieu sacré où se réunissaient les Druides. Si vous vous promenez en cet endroit, peut-être allez-vous ressentir cette antique présence de nos ancêtres.

La tradition conserve aussi dans cette forêt le souvenir d'un combat sanglant qui se serait livré dans l'antiquité, au lieu-dit *Champ de Bataille*, sans que l'on puisse le dater.

Dans une grotte située dans la forêt, on peut visiter aussi sur une centaine de mètres des stalagmites et des stalactites.

La Pierre qui vire, de Poligny

Le territoire de Poligny fut un lieu très fréquenté lors de la période celtique.

D'origine certainement druidique, ce rocher de la Pierre-qui-vire, dite aussi *Géant pétrifié* ou *Homme à la hotte* est située à mi-côte en direction de Plasne. On le rejoint par une ancienne voie romaine menant à la Croix du Dan. À mi-parcours se trouve la Pierre qui vire.

Selon la légende, il y a fort longtemps, un géant un peu coquin s'était épris d'une bergère des environs. Un soir, il la poursuivit sur une côte appelée depuis côte Saint-Savin. Elle réussit à s'enfuir en appelant l'aide divine. Lorsque le géant allait l'atteindre, il fut mystérieusement immobilisé puis transformé en rocher. Les dieux lui accordèrent cependant le droit de se retourner une fois tous les cent ans, ce qui expliquerait son nom.

Une autre interprétation nous ramène aux temps druidiques. Cette pierre aurait été l'endroit où se déroulaient des rites celtiques. Lors de la christianisation, un second cône instable aurait été posé sur la pyramide qui la surmonte. Elle aurait été renversée lors de la Révolution française ?

Deux autres histoires sont venues enrichir ses légendes au cours des siècles. La première désigne Gargantua lui-même comme ayant posé la pierre lors de son passage dans la région. Quant à la seconde, rentrant de la campagne d'Italie, Bonaparte aurait fait halte sur ce rocher qui prit le nom de *Fauteuil de Napoléon* ou *de Balthasar*.

Fantômes et esprits

Fantômes, spectres, esprits, lieux hantés

Entendre des bruits inexpliqués dans une maison, apercevoir des objets se déplacer, ressentir un contact alors qu'il n'y a aucune présence, distinguer des formes fantomatiques ou une maison à l'aspect biscornu noyée dans le brouillard, voilà quelques signes significatifs pour certains qu'il existe un au-delà, une autre dimension où règnent ceux qui ont quitté leurs enveloppes charnelles.

Ces événements surprenants et incompréhensibles en leur temps ont été enjolivés au fil des siècles par l'imagination populaire et par l'oralité de la transmission. Teintés de fantasmes ou de préjugés, ils sont devenus de belles légendes. Pour les personnes concernées, persuadées d'avoir vécu quelque chose d'extraordinaire, ces événements sont devenus parfois des réalités, comme des histoires vécues.

Ces événements font partie de notre patrimoine culturel. Ils se transmettent de génération en génération.

S'agit-il de réalité, d'illusion, de canular ?

C'est à chacun de se faire sa propre opinion en fonction de ses croyances intimes, de son état d'esprit.

Histoires de fées et dames blanches

Les fées dansant des rondes étaient parfois aperçues sous la clarté de la lune. Nombreux furent les Comtois voyant virevolter de petites demoiselles blanches venues jouer et danser avant le lever du soleil dans le Pré des Iles. Les vapeurs de la terre semblaient les porter. On disait qu'elles étaient aussi légères, aussi transparentes que le brouillard.

Peut-être les avez-vous entr'aperçues à notre époque ? Peut-être en gardez-vous le souvenir au fond de vous, comme on garde un souvenir intime ?

Le cadeau des fées

Dans la tradition, on racontait[13] qu'elles faisaient des présents aux hommes, sous forme d'objets en apparence vulgaires se transformant en métaux précieux.

C'est ainsi qu'un jour, elles se mélangèrent à la noce d'une gentille mariée. Avant de partir, elles laissèrent à l'épousée et à ses compagnes en guise de cadeau un morceau de branche de sapin, arbre très présent dans le Jura. Elle l'emmena avec elle.

Le lendemain matin, en quittant sa couche nuptiale, la mariée trouva la tige changée en or. Par contre, ses compagnes qui avaient reçu le même présent les avaient dédaignés et jetés sur le chemin du retour.

---

[13] SEBILLOT, Paul, Le folklore de France – Tome 1V – Le peuple et l'histoire - Guilmoto 1908.

Penaudes de ce qui était arrivé à l'épousée, elles essayèrent en vain de retrouver les morceaux de branche. Elles les cherchèrent pendant longtemps avant de prendre conscience qu'elles ne pourraient jamais les retrouver. Elles en furent bien marries.

Recevoir un cadeau ou un présent est un acte d'amour, quelle que soit la valeur de celui-ci. Ce morceau de branche de sapin portait la plus grande richesse, l'amour du don.

Les Dames blanches de Poligny

Les grandes forêts s'étendant sur le plateau du Jura, à l'est de Poligny, paraissent avoir recelé un vaste sanctuaire dédié au culte de la Vierge des traditions celtiques[14].

Selon la tradition, elle l'habiterait encore sous la figure d'une belle dame. Jusqu'ici, personne ne s'est plaint de l'avoir croisée, car elle réunit la grâce, la beauté, la douceur et la bienfaisance envers les autres.

On m'a raconté d'un enfant des environs, que ses parents avaient envoyé au bois de Poligny chercher un berger ou du bétail s'y égara. Il ne retrouva pas son chemin pour revenir à son village.

On partit à sa recherche, l'appelant toute la nuit et le lendemain. Sans succès. Au troisième jour, on le retrouva assis tranquillement dans une clairière.

---

[14] MONNIER, Désiré, VINGTRINIER, Aimé, Croyances et traditions populaires recueillies dans la Franche-Comté, le Lyonnais, la Bresse et le Bugey (2e édition), 1874.

Frais, bien nourri, riant et se portant à merveille, il raconta comment il avait vécu pendant son absence. L'enfant dit qu'une belle dame était venue régulièrement lui apporter de quoi se nourrir. La famille n'eut pas besoin de s'informer plus en avant : ou c'était la Sainte Vierge envoyée par la Providence au secours de la petite créature, ou c'était la Fée, si connue dans le pays sous le nom de la Dame blanche.

À la limite du territoire du Picarrau, en 1789, une pauvre bergère gardant ses chèvres derrière le bois des Écorchats s'égara dans le vert labyrinthe et fut égarée pendant trois longues journées.

On la retrouva par hasard. Elle était si faible, si souffrante, que le curé de la paroisse lui porta le saint viatique sur le lieu même de sa découverte. Comme on lui demandait si elle avait bien faim, la bonne vieille répondit que non, qu'une Dame blanche lui avait apporté de la nourriture.

Comme au val de Mièges, on reconnaît volontiers ici que ce fut pour détourner nos ancêtres d'un reste de vénération des mythologies anciennes qu'elle est appelée Dame Blanche.

D'ailleurs, pourquoi le monastère voisin de Vaux-sur-Poligny s'est-il mis sous l'invocation de la Vierge-Mère, *Beatae Mariae Genitricis* ?

Il n'y a pas de hasard.

Enlèvement des voyageurs, au bois de la Fau

Le territoire de Choisey est le pays des fées. Il est situé aux environs de Dole. C'était, dit-on, le rendez-vous des Esprits depuis les temps celtiques, notamment au bois de *Fau* c'est-à-dire de la Fée ou à celui du Défan (*Deae fanum*), le bois sacré.

Il se faisait là de nombreuses apparitions nocturnes peu communes. Tantôt, il s'agissait d'un personnage sérieux, mélancolique, vénérable comme un druide se livrant à la méditation. Tantôt, c'était un homme grave en apparence, mais libertin en fait, guettant l'occasion d'enlever des femmes pour les entraîner au fond du bois de la Fau.

Parfois, les femmes remplaçaient les hommes. Il s'agissait de dames blanches auxquelles on attribuait de violentes passions amoureuses. Elles allaient à la rencontre des voyageurs pour les séduire. Malheur alors aux faibles cœurs qui ne se prémuniraient pas contre les agaceries de ces belles dames. On pense naturellement à l'expérience du sage Ulysse passant à la vue des sirènes du rivage de Naples et de Sorente !

Dans la forêt de Serre, située aussi près de Dole, une belle Dame faisait retentir des sons de son olifant. On y entendait les échos de la forêt. Certains disaient qu'elle avait l'aspect d'une naine, vieille, ridée, malicieuse, marchant comme une sorcière courbée sur son bâton de coudrier.

La Dame blanche du Mont Saint à Nevy-lès-Dole

À l'ouest du village de Nevy-lès-Dole s'élève un monticule boisé se prolongeant se nomme le Mont Saint[15]. C'est une dénomination trop remarquable pour ne pas mériter un moment d'attention afin de connaître le véritable motif de la consécration de cette colline.

Ce mont était autrefois surmonté d'une chapelle dont l'emplacement n'est déjà plus indiqué.

Un vieil homme qui avait alors 83 ans en 1851 n'en a jamais vu les traces. Par contre, vers 1800, il a vu mettre à découvert un sarcophage en pierre, à la pointe orientale de la colline. Le mort qui l'occupait portait une d'épée à son côté.

Pour les gens du cru de cette époque, le Mont Saint était un lieu redouté : on ne s'y hasardait pas à des heures tardives. Il passait pour être un rendez-vous très fréquenté de revenants et d'esprits. On parlait aussi d'apparitions nocturnes telle celle de ce notaire du village de Parcey venant y errer tristement comme une âme en peine. Une Dame blanche y passait ses promenades solitaires comme si c'était un lieu d'affection.

Un autre visiteur, un rêveur, un savant de l'endroit était persuadé que la pierre philosophale y était cachée. Il n'a jamais cessé de la rechercher jusqu'à sa mort.

Près de Nevy, d'autres lieux questionnables sur la présence des Dames. Du côté de Rahon, existe un bois nommé la *Coupe à la Dame, et au bord* de la Loue, un autre lieu emblématique dénommé la *Morte à la Dame*.

---

[15] MONNIER, Désiré, VINGTRINIER, Aimé, op. cité.

De quelle dame s'agissait-il ici ? Il est difficile de prétendre pas mordicus que ce soit encore ici la Dame blanche des traditions mythologiques : ce pourrait être tout simplement la présence d'une châtelaine de la terre féodale de Nevy.

À moins qu'il s'agisse du souvenir de la mort tragique de l'amant de la châtelaine de Rougemont. En effet, à l'extrémité occidentale du Mont Saint, il aurait existé jadis à Rougemont un château.

Selon la chronique, une jeune demoiselle y demeurait dont les amours auraient eu une analogie avec Héro et Léandre, le couple d'amoureux de la mythologie grecque.

Cette histoire que l'on raconte dans tout le bassin de la Loue, depuis Cléron jusqu'à Nevy, n'a-t-elle pas contribué à faire appeler la contrée du joli nom de *Val d'Amour* ?

L'amant de la belle châtelaine de Rougemont habitait, dit-on, le village de Germigney. Pour aller voir sa belle, il n'hésitait pas à descendre la rivière à travers mille écueils. Il n'est donc pas étonnant que son bateau ait chaviré et qu'il ait péri victime de ses imprudentes visites d'amoureux.

La population des environs renvoie pourtant la cause de cette mort infortunée à la jeune dame qui aurait, cette nuit-là, éteint à la fenêtre de sa tour la lampe devant servir de phare à son cher navigateur.

Les dénominations de *Morte à la Dame* et de *Coupe à la Dame* sont-elles le souvenir de la châtelaine morte ?

Les Dames vertes de Relans et de Cosges

La Dame verte se confond souvent sous le nom d'Iana ou de la Diane celtique avec la déesse de la Terre du fait de son séjour au fond des forêts sacrées[16]. Cette couleur lui permet de mieux se dissimuler pour vivre en paix, loin des humains.

Elle fréquentait jadis le pays druidique qui a conservé tout son charme, rempli de traditions merveilleuses.

Elle avait des compagnes vêtues comme elle, de superbes tuniques vertes. On pouvait les rencontrer de temps à autre au détour d'un sentier nommé le sentier de la Sauterelle qui allait du chemin vicinal de Commenailles à l'étang de Virelot.

Elles n'hésitaient pas à venir au-devant des voyageurs et des promeneurs, les entraînant parfois dans des endroits secrets et écartés du chemin. Le charme, disait-on, ne durait pas. Ces beautés si radieuses, si avenantes, si gracieuses, se transformaient en mégères impitoyables qui n'hésitaient pas alors à poursuivre et à pourchasser avec furie leurs dupes avec autant de vigueur qu'elles avaient employé de douceur à les attirer.

Le réduit de ces Nymphes s'illuminait quelquefois de la lueur des feux qu'elles allumaient' dans la solitude, surtout au chêne des bras. Alors on les entendait crier et chanter. Mais, comme vous devez le penser, rares étaient ceux assez hardis pour aller les écouter.

---

[16] MONNIER, Désiré, VINGTRINIER, Aimé, op. cité.

À Cosges, tout près de là, les traces de l'antiquité gauloise n'y font pas défaut à celui qui se montre suffisamment curieux. Les rives des nombreux étangs qui couvraient jadis le territoire étaient elles aussi peuplées de fantômes femelles appelés Dames-Blanches ou Dames-Vertes. Ils attiraient les voyageurs par leurs agaceries, puis les précipitaient dans les eaux.

La Dame rouge de Jeurre

Le village de Jeurre, la *villa jurensis* des vieilles légendes, est établi sur la crête du Valvert. Il est plus romain que gaulois[17]. Son territoire, un temps envahi par les Huns au 6e siècle a conservé quelques dénominations se reportant aux temps mythologiques de la Séquanie telles que Champ de la Lune, du Pré à la Dame et de la Dame rouge.

La *borne à la Dame rouge* signifie la caverne, l'antre où se tenait une fée nommée la Dame rouge. Cette grotte existe au vallon de la Creuse, qui descend du Petit-Châtel à Jeurre, dans le bois banal. C'est le repaire des ducs et des chats-huants.

Peut-être que leurs cris plaintifs sont pris pour ceux d'un esprit ? Dans ce cas, l'erreur est ancienne, car il y a longtemps que l'on fait peur aux enfants de la Dame rouge du vallon de la Creuse, notamment quand on est obligé d'en venir à Intimidation pour obtenir d'eux l'obéissance.

---

[17] MONNIER, Désiré, VINGTRINIER, Aimé, op. cité.

Une femme du hameau raconta avoir vu plus d'une fois cet esprit invisible.

« Il serait même venu à sa rencontre, dit-elle, *sous les traits et le vêtement d'une dame blanche. »*

Si cette villageoise honnête est plus sujette aux visions que les autres, on peut assurer tout du moins qu'elle n'est pas peureuse. Armée de sa foi contre les aventures de ce genre, elle ne craint pas d'aller directement à l'objet qui la frappe, à quelque distance.

Par exemple, en traversant un soir la montagne de Châtillon, elle remarqua être suivie d'une foule de gens semblant avoir formé le dessein ou de l'épouvanter, ou de s'emparer de sa personne. Elle retourna courageusement sur ses pas, pour leur demander ce qu'ils lui voulaient. Cette formidable légion d'esprits, dont le nombre diminuait à vue d'œil à son approche, se réduisit finalement à néant, quand elle fut arrivée à l'endroit même.

Une autre fois, la même personne avait aperçu de loin un feu allumé entouré d'une multitude de figures en train de danser et de se divertir. Très sombres sinon noires, elles allaient et venaient, en tournoyant comme des ombres chinoises. L'héroïne s'était alors dirigée en droite ligne en direction de cette bruyante sarabande.

Alors qu'elle arrivait sur les lieux précis, le foyer s'était soudain éteint. Si le sabbat avait été dans un autre temps une réalité, il serait permis de penser que cette assemblée suspecte en était un.

Quoi qu'il en soit, à l'arrivée de la pieuse femme ayant fait le signe de la croix, tout disparut par enchantement.

Rêve ? Réalité ? Manque de discernement ? Ce n'est pas bien grave, car cela nourrit l'imaginaire humain.

Quelques histoires de chasse nocturne

La chasseresse de Moissey

Le Jura ne possède pas seulement des chasseurs mâles et infatigables pour animer l'air, dans ses contrées boisées si riches d'ailleurs de traditions. On y fait aussi parfois les honneurs de la chasse nocturne à une belle dame blanche qui entretient des sons d'un gentil olifant les échos de la longue forêt de la Serre, aux environs de Dole[18].

Cette forêt se recommande aux amateurs du merveilleux par une ancienne résidence druidique, connue sous le nom de l'*Ermitage de la Serre*. On y voit une grotte multiple possédant un rez-de-chaussée dont les portes et les chambres voûtées sont taillées dans le roc. Au-dessus se trouve un étage comprenant une pièce. L'on remarque surtout une paroi percée un œil-de-bœuf, à l'instar de certains dolmens.

Le cachet du druidisme le plus pur est là. L'aspect de ce monument de la nature et de l'art sous une forêt de chênes nous semble si pittoresque, si extraordinaire que nous le pensons digne de figurer parmi les décorations de l'opéra des Bardes.

À ce lieu révéré se rattachent les apparitions d'une dame blanche. Nous avons tous lieu de croire que c'est la même dame que la chasseresse nocturne de la forêt.

---

[18] MONNIER, Désiré, VINGTRINIER, Aimé, op. cité.

À moins qu'elle ne vienne elle-même révéler sa véritable origine à ceux qui s'informent d'elle. Elle pourrait peut-être leur dire :

« *Non, je ne suis pas la Diane de ces parages, mais je suis la druidesse de cet antique sanctuaire.* ».

Il y a parmi les hommes des esprits assez mal faits pour se plaire à tout dénaturer. Par exemple, d'ôter à la dame de Moissey sa jeunesse et ses grâces. Souvent, les hommes aiment à la présenter comme une vieille femme, toute ridée, malicieuse, marchant toute courbée sur son bâton blanc de coudrier, comme une sorcière de l'Ancien Régime.

Si le fait est vrai que les esprits de l'air s'amusent quelquefois à se travestir pour éprouver la foi des mortels.

Quant à la dame aérienne qui conduit la chasse à travers les nuages au-dessus des bois agités par ses expéditions, ne peut l'apercevoir que celui qui le mérite et non celui qui le veut !

On sait qu'elle a une robe blanche, mais le mystère reste entier. On n'en sait rien de plus sur elle, sinon que l'on entend distinctement avec une certaine émotion les sons harmonieux de sa trompe.

Ceux qui prétendent avoir vu ou entendu cette chasse disent qu'elle est très-bruyante, qu'on y distingue parfaitement le hennissement des chevaux, le glapissement des chiens, le claquement des fouets, le son du cor et les cris des chasseurs.

Que poursuit-elle ? Le cerf, la biche, le lièvre, les oiseaux ?

Cette apparition est toujours un signe certain que de grands événements vont bientôt se dérouler. Il est vrai que son histoire apparaît en 1792, peu de temps avant le règne de la Terreur !

La chasse du bois d'Oliferne (près de Vescles)

Célèbres par leurs enchantements, les flancs de la verte montagne où domine le château d'Oliferne retentiront toujours du son des cors, des voix humaines et des aboiements prolongés composant le concert magique où se plaît dit-on, l'âme de l'ancien seigneur de cette terre[19].

Il y a bien longtemps donc, bien avant les légendes concernant les filles du château, des chasseurs d'autrefois revenaient du passé pour prendre part aux festivités qui marquaient la fin des chasses modernes.

C'est ainsi qu'un garde forestier parcourant les bois situés sur la montagne fut attiré par le bruit de cors de chasse. Lorsqu'il arriva dans une grande clairière, il trouva rassemblé sous les rameaux d'un grand chêne une foule de grands seigneurs, de belles dames, de valets, de piqueurs…

Certains d'entre eux mangeaient sur la pelouse, d'autres s'occupaient des chevaux ou distribuaient la curée aux nombreux limiers de la meute. Il fut étonné de la vive joie qui y régnait, si bien qu'il n'osa pas aborder cette société brillante.

---

[19] MONNIER, Désiré, VINGTRINIER, Aimé, op. cité.

Toutefois étonné, il recula et prit rapidement un sentier pour s'éloigner au plus vite de cette scène étrange.

Mais, la curiosité fut la plus forte. Il se retourna pour regarder de nouveau la scène de loin. Comme par enchantement, il n'y avait plus rien. Tout avait disparu.

Il crut avoir fait l'objet d'un mirage, une de ces visions qui apparaissent aux hommes fatigués, anxieux, ou quelquefois avinés.

Toutefois, la légende est belle.

Quelques histoires d'esprits

L'esprit de la Codre

Nous sommes à la fin du 19ᵉ siècle, au hameau de la Codre, près de Chaumergy situé en Bresse jurassienne.[20] Surpris de voir dans la nuit sombre un phénomène surprenant, une tête éclairée qui se déplaçait dans le vide, les habitants s'approchèrent timidement en demandant aux enfants de rester en arrière.

De peur de se trouver face à des entités mystérieuses – il était connu dans la région qu'il y avait des Dames blanches ou vertes – ils décidèrent d'appeler la maréchaussée qui arriva sur les lieux. Sabre au clair, un courageux gendarme s'approcha et dit :

« *Esprit, au nom de la loi, rends-toi !* ».

À ces mots, la tête descendit comme pour obéir à l'ordre qui lui était donné. Alors qu'elle était proche du sol, le gendarme abattit son sabre sur la tête de l'esprit qui s'ouvrit en deux morceaux, laissant échapper une lumière.

Surpris, tous entendirent le bruit de la fuite des joyeux lurons qui, voulant s'amuser, avaient creusé une citrouille en y pratiquant trois ouvertures imitant en cela les yeux et la bouche. Ils avaient placé une bougie à l'intérieur.

On ne les retrouva point bien que les habitants eurent quelques doutes… Ils ont dû bien rire de leur blague. Mais, il ne faut pas déranger la maréchaussée pour rien.

---

[20] GRAVIER, Gabriel, *Franche-Comté, pays des légendes*.

L'esprit du Fiestre en pays de Dole

Pendant les longues soirées d'hiver, les habitants de Gendrey pés d'Acey se racontaient de nombreuses histoires sur les fées du bon vieux temps. Tous les anciens du village connaissaient la dame blanche du Châtelard et l'Esprit du Fiestre[21].

C'était un esprit malicieux quant à la lisière du bois qui était son domaine, il arrêtait tout net la marche des chevaux et des conducteurs. Il imitait aussi les voix et les cris des animaux avec un merveilleux talent.

Quand un malheureux paysan recherchait tard dans la forêt le bétail égaré, l'esprit prenait son plaisir à les effrayer avec de diaboliques ricanements.

Il arrêtait et égarait aussi les voyageurs et se complaisait à se montrer sous la forme d'une belle femme afin de faire des agaceries aux jeunes gens.

On raconte même ce témoignage d'un jeune garçon amoureux des environs. Revenant par une nuit obscure en passant près d'une fontaine isolée, il crut reconnaître sa fiancée assise sur la pelouse, sanglotant de tout son corps, sa face cachée contre son tablier. Il s'approcha, la prit dans ses bras, lui parla affectueusement. C'est alors que la tête de la jeune fille tomba subitement et lourdement à terre, faisant d'horribles grimaces.

« *Alors,* continua-t-il à raconter, *je perdis connaissance. Lorsque je revins à moi, j'aperçus une dizaine d'hommes monstrueux placés en rond autour de moi, à quelques pas l'un de l'autre.*

---

[21] MONNIER, Désiré, VINGTRINIER, Aimé, op. cité.

« Ils se saisirent de ma personne et se la lancèrent de main en main avec une telle vitesse que je demeurai tout étourdi.

« A l'aube, quand je revins à moi, quelle fut donc ma surprise de me trouver couché dans le fossé de la grande route, au pied d'un buisson d'aubépine.

« Et je vous jure, mes amis, que tout ceci n'est point un rêve ni le travail d'un cerveau échauffé par le vin. Car je n'avais guère bu que deux ou trois bouteilles et un verre de vieille eau-de-vie. »

À vous de vous faire votre opinion.

Le servant Carabin, à Monan

« On peut appeler ces diables (le servant) de fort bons garçons, aussi bien que ceux qu'on nomme Drôles, qui pansent soigneusement les chevaux de leurs maîtres et qui ont soin des horloges ». Voilà comment on le définissait au 18ᵉ siècle.[22]

Dans le hameau de Monan, qui fait partie du canton de Clairvaux (Clairvaux-les-Lacs, il y avait, au commencement du 20ᵉ siècle, un esprit, un génie familier[23] qu'on appelait le *servant Carabin*.

Il résidait là depuis un temps immémorial, servant la ferme avec une constance et un désintéressement admirables.

---

[22] BORDELON, Laurent, (abbé), Hist. de M. Ouffle.
[23] BERANGER-FERAUD, Superstitions et survivances étudiées au point de vue de leurs origines et de leurs transformations. Leroux, 1896.
MONNIER, Désiré, Traditions… , opus cité.

Doit-il y végéter tout le temps de son exil sur notre planète ? La question reste posée.

C'est à l'étable, s'occupant du gras bétail, que le précieux domestique porte son attention scrupuleuse. Il veille aussi à la garde de l'habitation, lorsque le sommeil et le repos se sont emparés de tout ce qui respire.

Un paysan, qui le vit un jour à cheval sur une porte, le dépeignit comme un homme extrêmement maigre. En effet, il n'est pas gâté par la nature, et on se demande si sa présence dans le monde n'est pas une pénitence. Par contre, il a de très beaux yeux, forts brillants. On ne l'a jamais vu pleurer.

Son crâne dégarni de cheveux est couvert d'un bonnet rouge et pointu, ou si l'on veut *d'un corno phrygien* comme qui dirait un sans-culotte de quatre-vingt-treize (1793). C'est un indice pour le paysan de son origine diabolique.

Cet esprit familier, taciturne et tranquille ne parle pas. C'est comme on dit chez nous un *taiseux*.

Il faut pourtant se garder de pousser trop loin la plaisanterie à son endroit. Il se fâche parfois avec raison.

Un jour, un batteur en grange s'étant avisé de l'apostropher un peu trop légèrement fut enlevé par le toupet (soulevé de terre) et projeté aux poutres du plafond. Le Carabin le replaça parmi ses collègues ébahis, sans blessure, n'ayant essuyé d'autre mal que la peur. On ne bafoue pas impunément le Carabin. La leçon servit à tous ses camarades.

Le Luton de Bellefontaine

Pour passer joyeusement les années qu'ils sont condamnés à couler sur la terre, les esprits connus sous le nom de *Lutons* s'amusent le plus qu'ils le peuvent à nos dépens. Ils sont, d'ailleurs, fort gais de leur naturel[24].

L'un d'eux résidait à Bellefontaine, un village près de frontière suisse, un Luton bienfaisant, qui contribuait à la prospérité de la ferme, par ses travaux et ses bons offices sans rechigner.

Des montagnards de ce pays prétendaient avoir été des témoins oculaires des exploits de ce valet si désintéressé et si actif. Ils l'ont entendu mainte fois battre en grange pendant toute la nuit, tandis que ses maîtres d'adoption, dont il avait d'ailleurs qu'à se louer, se reposaient sur lui du souci de leur ouvrage.

Rien n'égalait la surprise et l'admiration de ces bons et braves gens lorsqu'ils trouvaient, en se levant, les grains battus, vannés et ensachés, sans y avoir mis la main !

Et le narrateur de conclure : les esprits servants sont les meilleurs amis des paysans laborieux et des honnêtes gens. Ce sont des domestiques modèles que les autres valets n'imitent pas assez.

---

[24] MONNIER, Désiré, VINGTRINIER, Aimé, op. cité.

La colère du Luton de Poutin

À une demi-heure de marche des Planches près de Foncine-le-Haut se trouve la montagne de Poutin qui eut son heure de gloire avec la découverte de particules de roche aurifère[25]. Au sommet, on peut apercevoir une fosse dénommée le Trou du Chapeau par sa forme[26].

Voici l'histoire racontée par une villageoise affirmant avoir été présente lors de ces événements.

Vers 1820, dans une ferme, un domestique invisible qui aidait aux travaux de la maison vivait sous les combles.

Pour entretenir ses bonnes dispositions, les filles du métayer ne manquaient jamais de lui apporter tous les matins, une écuelle de lait frais qu'elles déposaient au bord du soulier, c'est-à-dire à l'entrée du fenil.

Un jour, les jeunes filles oublièrent leur offrande accoutumée. L'esprit s'en offusqua. En colère, ne voulant pas laisser ignorer son mécontentement, il prit à pleines mains des pois dans un sac au grenier, et se mit à les jeter en l'air. Ils tombèrent de toutes parts comme la grêle.

Il continua sans discontinuer malgré les supplications des jeunes filles. Celles-ci le prièrent de cesser ses semailles en joignant les mains, et lui criant :

« *Tu as beau semer nos pois, ils ne sont pas prêts de lever sur ces planchers et sur ces dalles.* ».

On ne sait pas s'il s'est calmé ou quitté ses mauvais hôtes.

---

[25] MONNIER, Désiré, VINGTRINIER, Aimé, op. cité.
[26] Selon la tradition, Gargantua y aurait placé son chapeau.

Légendes jurassiennes

Les Traï Danizellas d'Oliferne

Rendons-nous maintenant à la montagne toute boisée où s'élèvent les ruines solitaires du château d'Oliferne, situé près de Vescles, au sommet d'un pic rocheux de 807 mètres d'altitude au-dessus de la vallée de l'Ain. La construction bénéficiait d'une protection naturelle importante et donc, n'avait nul besoin de fossé pour le protéger.

Ce château eut une longue histoire. Le seigneur était un homme fourbe, cruel, prétentieux, constamment en guerre avec ses voisins. Il se vantait de posséder un château imprenable ce qui lui donnait un pouvoir au moins aussi important que le roi[27].

Celui-ci de manqua pas d'en être informé.

« Ce présomptueux vassal, dit le roi, se moque de tout le monde et se croit au-dessus de nous. Je veux le forcer de rentrer dans des sentiments de soumission plus convenables à la condition d'un simple feudataire. »

Le monarque le menaça en conséquence d'une guerre, par l'intermédiaire d'un envoyé qui lui en porta la déclaration.

Présomptueux, celui-ci fit répondre au roi le message suivant.

---

[27] MONNIER, Désiré, VINGTRINIER, Aimé, op. cité.

« Dites à votre maître qu'on ne récolte pas assez de foin dans tout son royaume pour remplir les fossés de mon château. »

Les fossés de la forteresse d'Oliferne étaient, en effet, la profonde vallée de la rivière d'Ain, d'une part, et le bassin de la Valouse, contenant tout le canton d'Arinthod de l'autre. Avec le ténébreux ravin de l'Anchéronne et celui de Vescle qui rendent, en effet, inabordable la haute position d'Oliferne.

Inattaquable par la force brutale, le fier baron resta vainqueur. Il dut se défendre contre la ruse. On décida de se saisir de sa personne. Des émissaires apostés le guettèrent pour le surprendre durant son sommeil.

Rusé, il décida de tromper son monde. Partout où il se rendait pour passer la nuit, il arrivait sur un cheval ferré à rebours, de manière à faire croire qu'il était parti en direction des empreintes des fers de sa monture sur le sol.

Trompés à plusieurs reprises, les guetteurs changèrent de stratégie. À moins qu'il ait été trahi par l'un des siens ? L'histoire ne le dit pas. Toujours est-il que le roi prit possession de la grande forteresse alors que le seigneur s'échappa.

Ce ne fut pas le cas de ses trois filles, arrêtées durant leur sommeil, qui payèrent de leur vie la résistance de leur père. Elles périrent par le supplice de Regulus en les renferma dans un tonneau que l'on avait garni de nombreux clous dont les pointes étaient tournées contre elles. Les tonneaux dévalèrent la pente de la montagne jusqu'au fond de la vallée, un trajet d'une demi-lieue (deux kilomètres) qui fut parcourue en moins de deux minutes, tombant dans les flots de l'Ain.

Le peuple fut ému de cette triste aventure. Il imagina dès lors une métamorphose pour en perpétuer le souvenir. On montre sur la rive opposée, en face d'Oliferne, trois pointes de rocher d'inégales hauteurs. Ces aiguilles s'appellent les *Traï Danizellas* — les *Trois Demoiselles.* On donne le même nom à la forêt couvrant la montagne.

La légende nous dit que les âmes filiales des dames d'Oliferne ne purent jamais se décider à se rendre où vont toutes les âmes. Elles ont préféré se réfugier dans les trois aiguilles de pierres, un poste élevé d'où elles peuvent contempler à leur aise, le manoir paternel. Elles s'en détachent le soir pour se promener dans ce romantique séjour.

Il ne faut pas chercher de vraisemblance historique dans cette légende, dont une partie nous reporte aux temps mythologiques, l'autre partie aux hostilités entre la France et le comté de Bourgogne.

Deux autres histoires très proches nous sont racontées.

Un jour, les ennemis du seigneur parvinrent à prendre le fort. Réussissant à fuir par un souterrain, il abandonna ses trois filles. Par haine, les assaillants les enfermèrent dans trois tonneaux garnis de pointes et les jetèrent le long des pentes du pic d'Oliferne, où ils dévalèrent jusque dans la vallée de l'Ain.

Elles réapparurent en face sous la forme de trois rochers, aujourd'hui dénommés les trois damettes.[28] Selon la légende, chaque nuit, elles s'en détachent pour se rendre au château.

Le texte[29] le plus terrifiant est celui raconté par le baron Ravérat. Après une sinistre description des ruines du château dominant le pic, il dépeint un endroit lugubre, sinistre que les paysans traversaient en courant de peur d'être rattrapés par les spectres qui hantaient cette montagne.

Puis, il conte une histoire horrible, proche de celle d'Alphonse Rousset. Les trois filles du seigneur étaient en fait ses captives que les fiancés étaient venus arracher à ce Barbe bleu. Il y avait là la blonde Alix de Dortan, la brune Huguette d'Arinthod, la douce et pieuse, Mahaut de La Vans.

Prenant le château d'assaut avec une nombreuse troupe, celui-ci devint définitivement une ruine pour l'éternité.

Le supplice final des jeunes femmes ne fut pas l'œuvre des attaquants du château, mais celle du seigneur. Voyant sa fin venir, il voulut se venger des chevaliers-servants de ses enfants, préférant rendre leurs promises enfermées dans un tonneau garni de pointes qui jaillirent du haut des remparts en flammes.

---

[28] ROUSSET, Alphonse, opus cité. On pourrait faire un rapprochement avec les trois commères.
[29] RAVERAT, Baron, allées du Buge, excursions historiques…. 1867.

Comme pour les autres histoires, ils roulèrent jusqu'à la rivière où elles réapparurent sous la forme des trois rochers indiqués par Alphonse Rousset.

La main divine arrêta les martyres dans leur descente affreuse vers l'abîme. Elle les transforma en ces trois aiguilles de roche, éternellement dressées en face des ruines éternelles de leur père qui trouva une tombe méprisée sous les débris de son donjon dévoré par l'incendie.

Le moine rouge et la Dame verte

Dominant le village de Rupt et la vaste plaine de la Saône, le vieux donjon se dresse à deux kilomètres de Scey-sur-Saône.

Au temps jadis, Jean, le maître du château, était tombé amoureux fou d'une ravissante villageoise dénommée Louisette. Il la poursuivait de ses assiduités lorsque, par hasard ou parce qu'il l'avait épiée, il la rencontra cheminant seule dans le bois, près d'un étang recueillant les eaux d'un ruisseau venant du parc appartenant aux princes de Beauffremont.

Dès qu'elle l'aperçut, la jeune fille s'arrêta, le cœur tremblant. Mais, se voyant seule avec lui dans cet endroit isolé, elle prit peur, si peur qu'elle se mit aussitôt à courir. Elle se jeta dans l'eau noire de l'étang, où elle disparut.

Désespéré d'avoir provoqué la mort de la douce et vertueuse jeune fille, Jean fit élever de sur le bord du sinistre bassin une petite chapelle dédiée à Notre-Dame de Lorette.

Demeurant inconsolable de la perte de Louisette, le sire de Beaujeu son voisin lui conseilla de guérir son mal en épousant
Une jolie châtelaine des environs. Bien tourné de sa personne et fort riche, Jean n'eut que l'embarras du choix. Il épousa Marguerite, la fille du seigneur de Traves.

Au bout de quelques semaines, il se lassa d'elle et repartit dans des rêves mélancoliques peuplant son esprit du souvenir de Louisette.

On lui conseilla de confier ses états d'âme à son confesseur, Pierre de Chariez, commandeur de l'ordre du Temple, qui demeurait à Scey. Hélas pour lui, Jean ignorait que le templier nourrissait une grande passion pour son épouse, la jeune dame de Rupt.

Par ces aveux, il fournissait directement au moine l'occasion d'écarter le mari gêneur. Comment en effet ne pas profiter d'une aussi bonne aubaine ?

Perfidement, le commandeur lui conseilla de partir en Palestine pour servir Dieu et oublier cet amour si funeste pour lui.

La tradition ne précise pas si Marguerite était de connivence avec le templier pour éloigner son époux, ou si elle n'eut connaissance qu'après son départ de la passion qu'elle inspirait au moine. Quoi qu'il en soit, les deux désormais amants fréquentèrent souvent, à la nuit tombée, le bord de l'étang où avait péri Louisette.

Pour se rapprocher de sa maîtresse, Pierre de Chariez vint loger au prieuré de Saint-Albin, situé entre Rupt et Scey. Pour ne pas être gêné par les habitants du lieu, il répandit le bruit que le fantôme de Louisette revenait chaque nuit errer sur les bords de l'étang, autour de la chapelle de Notre-Dame.

Le templier, revêtu d'un manteau rouge cachant l'habit blanc de son ordre et la dame de Rupt, portant un long voile vert pouvaient ainsi se promener tranquillement la nuit tombée près de l'étang.

Parfois, un paysan égaré passant par-là s'en éloignait rapidement sans omettre de raconter partout que *« des dames vertes et des moines rouges dansaient certains soirs autour de l'étang et de la chapelle »*.

En ces temps-là, lorsqu'un homme partait à la guerre ou en pèlerinage, sa femme était considérée comme veuve et pouvait se remarier si, passé un délai de trois ans, il ne revenait pas.

Comme on approchait de la fin de cette période, les prétendants à la main de Marguerite commencèrent à se manifester. Ce qui n'était pas du goût de Pierre de Chariez qui ne pouvait épouser la belle du fait de son statut de moine. Pour respecter la tradition, il décida de choisir lui-même le nouveau mari, en l'occurrence, le propre ami de Jean, le sire de Beaujeu.

Pressé par la jeune femme et par son damné amant templier, Beaujeu consentit à se marier avec elle à la fin des trois années écoulées.

Au jour dit, tous les seigneurs du voisinage se réunirent au château de Rupt, invités aux noces. Alors que le somptueux cortège se dirigeait vers la chapelle, un pèlerin apparut. Il portait une longue barbe grise. S'avançant à la rencontre de tous, d'une voix énergique de ceux qui sont habitués au commandement, il déclina son identité.

Surpris, Pierre de Chariez s'avança vers lui en le traitant d'imposteur. Comme s'il avait compris soudainement quelle fut son infortune pendant son absence, Jean riposta vertement. Vexé, le templier dégaina son épée. Le sire de Rupt en fit autant. Le duel s'engagea, très bref. En quelques minutes, le templier avait rejoint l'autre monde.

La jeune femme ayant perdu son amant et son mari se retira dans un monastère, trépassant peu de temps après. On assure qu'après sa mort, elle revint une nuit sur deux errer au bord de l'étang.

Quant à Louisette, elle aussi hantait le même lieu, mais le jour où la châtelaine ne se montrait pas. De sorte que, jamais les alentours de l'étang et de la chapelle ne virent ensemble les deux fantômes.

Sous le voile vert recouvrant chacune d'elles, on les distinguait distinctement. Le visage blanc comme le lys de Louisette tranchait avec celui tout rouge de Marguerite, évoquant les flammes de l'enfer...

Quant à Jean, reconnaissant la non-culpabilité du sire de Beaujeu, il retrouva le meilleur des amis, un ami toujours prêt à le distraire de la noire mélancolie qui ne l'avait jamais quittée depuis la mort de Louisette.

Il vécut très longtemps, portant son immense tristesse, en faisant d'interminables promenades solitaires le conduisant sur les bords de l'étang tragique.

Une seconde version de cette légende, si cela en est une, proche de celle racontée par Charles Nodier, a paru dans le *Nouveau dictionnaire des communes de la Haute-Saône* (en 1973).

Seule la fin est différente. En effet, bien que commandeur des Templiers, Pierre de Chariez veut épouser Marguerite à l'issue des trois années d'absence de son mari. Ce dernier tue sa femme et le templier.

Depuis le fantôme du moine, ceux de Marguerite et de Luisette hantent désormais chaque nuit les bords de l'étang.

Les Commères de Sirod

Depuis des siècles, dominant le val d'Ain, la Commère veille sur l'activité des hommes. Beaucoup de légendes, de superstitions s'attachent à ce lieu. La croyance à la fée Mélusine, l'omnipotence des descendants de saint Hubert pour guérir la rage…

Il y avait autrefois trois Commères, trois blocs de rochers[30] qui s'élevaient à pic contre le flanc de la montagne de Chaffaud. Ces blocs parfaitement taillés pouvaient laisser croire qu'ils avaient été érigés par les hommes. Il n'en était rien. Quoique de dimensions très différentes, ces blocs faisaient penser à d'énormes statues de femmes coiffées d'un chapeau. Ces blocs avaient alimenté deux légendes citées ci-dessous.

La première légende est celle des trois commères.

Le maître de Château Vilain avait trois filles, Berthe, Loïse et Hermance. Elles étaient très belles, très intelligentes et en âge de se marier. Selon la coutume, pour donner une postérité à sa famille, le seigneur invitait chaque dimanche un jeune homme du voisinage considéré comme digne d'en épouser l'une d'elles. C'est ainsi que défilèrent des nobles, des propriétaires de domaines ou des personnes suffisamment bien placées auprès de l'autorité royale.

---

[30] Inscrits comme site classé depuis 1945.

Mais, à chaque fois, ses filles trouvaient de nombreux défauts aux prétendants. L'un était trop laid, l'autre était boiteux, le troisième trop gros, et même certains borgnes, négligés, rustres, sans éducation... Enfin, ils avaient tous les défauts de la terre.

Le châtelain était désespéré qu'aucun prétendant ne puisse trouver la faveur de ses filles. Après plusieurs mois, n'y tenant plus, il se plaignit à la Fée. Cette dernière, du haut de son nuage, suivait chaque entrevue et entendait les méchantes critiques des trois jeunes filles. Elle savait depuis longtemps que ces dernières avaient un cœur aussi dur et froid que le marbre.

Pour les punir de cet égoïsme et de ce manque de tolérance, elle décida de les transformer en un coup de baguette magique en trois statues de pierre. Elles furent alors appelées *Les Commères*, car elles avaient désormais l'éternité pour continuer à proférer des méchancetés sur leurs possibles prétendants.

Mais si l'éternité existe dans les légendes, la nature poursuit son œuvre. Avec les années, deux des trois Commères se sont écroulées. Seule, reste debout la plus jeune que l'on reconnaît facilement à sa tête, sa poitrine et son corps... Mais à terme, elle est aussi menacée de disparaître.

Une seconde légende est liée à une Dame verte.

Celle-ci était la fée du travail et des vertus domestiques. Autrefois, elle veillait avec une certaine sollicitude sur les jeunes filles de Sirod. C'est ainsi que les jouvencelles douces et laborieuses connaissaient ses faveurs alors que les insouciantes et coquettes subissaient ses courroux.

La Dame verte s'intéressa donc aux filles du Sire de Jou, de jeunes filles coquettes possédant un cœur de silex et un orgueil outrancier. De nombreux garçons avaient demandé leurs mains à leur père, mais leurs demandes ne reçurent que dédain et cruelles moqueries. Elles décourageaient tous les soupirants.

C'est alors que le père eut l'idée d'organiser un tournoi dont les trois vainqueurs pourraient obtenir la main des trois belles. Les candidats furent fort nombreux, car elles étaient très jolies.

Toujours à l'écoute, la Dame verte fit en sorte que les trois candidats les plus disgracieux furent déclarés vainqueurs. Le premier était bossu et difforme, le second court sur pattes et ivrogne, le troisième borgne, chauve, édenté et marqué par la petite vérole.

Les trois demoiselles refusèrent ces soupirants. Pour obéir à leur père, elles demandèrent à trois servantes de prendre leurs places, et en profitèrent pour s'enfuir.

Mais la Dame verte veillait. Elle intervint une nouvelle fois et décida de les changer pour l'éternité en ces blocs de pierre qui étaient aussi durs qu'étaient leurs cœurs.

La Grotte du Pénitent de Poligny

Voici l'histoire se déroulant vers le milieu du 18ᵉ siècle racontée par Alfred Fauconnet en 1868[31].

Dans un endroit inculte, désolé, d'un aspect sauvage, que l'on gravissait avec difficulté vivait un homme retiré du monde. Même les animaux avaient semblé se retirer de ce lieu inhospitalier.

Chaque jour, à l'heure du crépuscule, il descendait la montagne, venait ouvrir la boîte de fer, en retirait avec soin l'offrande du voyageur et disparaissait dans la nuit. Quel était son nom ?

D'où venait-il ? Tout le monde l'ignorait. On se contentait dans le pays de l'appeler le Pénitent.

Il portait une barbe longue et grisonnante qui lui cachait le visage, tandis qu'un large bonnet de laine frisée, rabattu sur le front, lui couvrait la tête. Sa démarche était lente, son dos voûté. Sous la longue souquenille brune qui l'enveloppait, le corps appuyé sur un bâton noueux, il paraissait être un vieillard. Mais quiconque l'eût regardé attentivement de près eût trouvé sans doute étranges ses sourcils noirs et épais, ses yeux vifs, étincelants, et surtout ses dents blanches et ses lèvres purpurines. Du reste, depuis bientôt quinze ans qu'il était apparu, aucun changement dans ses traits, dans son allure, pas une ride de plus, toujours le même homme. Tous s'en étonnaient.

---

[31] FAUCONNET, Alfred, Bulletin de la société d'agriculture, sciences et arts de Poligny, 1868.

Le temps qui mine et détruit, les années accumulées, les fatigues accablantes d'une existence sauvage et rude, rien ne le faisait plier. Il semblait immuable, pareil à ces grands arbres qui, battus des orages, dédaigneux et debout, voient passer à leurs pieds les générations qui se succèdent.

Certaines gens prétendaient même qu'elles l'avaient vu courir à travers les bruyères, mais on ne les croyait pas.

Cet être singulier, plein de mystère, habitait une sorte de grotte à deux compartiments, creusée dans le roc. L'entrée était basse, étroite et sombre, précédée de massifs de buis et de noisetiers. L'inconnu avait toujours attiré les chevriers, nombreux à cette époque. Les plus curieux, les plus espiègles, auraient bien voulu voir l'intérieur de la grotte. Mais à la première branche agitée, au premier bruit de pas étouffés, un chien de montagne énorme, le cerbère de l'antre aux poils rudes et roussâtres surgissait frémissant et montrant sa large gueule. Terrifiés, les jeunes chevriers terrifiés s'éparpillaient comme une volée de passereaux.

Un soir, une vieille bonne femme à la recherche d'un chevreau s'était longtemps attardée. Elle errait dans la montagne, inquiète et troublée, lorsque tout à-coup, au détour d'une roche, elle vit passer devant elle, éclairé par la lune, comme un spectre vêtu de blanc. Le fantôme la frôla puis s'évanouit. Le lendemain, encore toute tremblante, elle raconta à ses voisines que le diable était venu sans doute tenter le Pénitent, et que ne pouvant emporter l'âme du saint homme, il avait pris le chevreau.

Cette apparition n'était d'ailleurs pas la première. À plusieurs reprises, on avait déjà cru remarquer une grande forme blanche errante dans la nuit. Certains avaient même entendu comme une voix douce, pleine de mélancolie, qui se mêlait dans la grotte aux suaves accents d'un instrument harmonieux.

Tous ces faits inexpliqués, grandis et travestis par l'imagination populaire, jetaient autour de cette demeure une crainte mêlée de respect. L'isolement du Pénitent solitaire s'élargissait de jour en jour.

Un soir de Toussaint, le lourd marteau de bronze du cloître des jacobins venait de frapper son dernier coup de minuit. Les cloches des édifices religieux d'alentour répétaient l'heure nocturne. La ville était déserte, entièrement ensevelie dans un épais brouillard. On l'aurait dit cousue dans quelque affreux linceul. Toutes ses rues frissonnaient, et au milieu de ses places hurlait la froide bise. Il neigeait déjà si tôt alors que l'hiver n'était pas encore arrivé.

Les rares réverbères suspendus çà et là s'agitaient et criaient au bout de leurs longues chaînes. Une lumière pâle s'en échappait. De temps en temps, sous l'effort de la rafale, un volet détaché s'arrachait de ses gonds, tombait avec fracas et mêlait ses débris aux grandes lames de fer-blanc qui couronnent les toits. À tout cela se joignait un pêle-mêle de plaintes et de sinistres aboiements.

Pourtant, dans cette nature en désordre, au milieu des éléments en délire, deux étrangers marchaient d'un pas rapide, sans se soucier de la tempête. Ils étaient coiffés de noirs chapeaux à larges bords. Quand le vent malgré eux entrouvrait violemment leurs manteaux couleur de suie, on voyait à leur ceinture de cuir briller la garde d'une épée.

Muets et sombres, ils traversèrent la ville, franchirent l'une de ses portes donnant sur la rivière, et soudain s'arrêtèrent au pied d'une antique tour. La neige tombait toujours, le brouillard augmentait. Après quelques instants ils reprirent leur marche, atteignirent la croix dont nous avons parlé. Échangeant quelques paroles, le bras étendu vers la cime du mont, ils disparurent dans les fourrés.

Ce même soir, la grotte du Pénitent ruisselait de lumière. Son aspect en aurait étonné plus d'un. Une torche brûlait suspendue à la voûte, faisant étinceler les mille facettes de la roche. Autour du grand feu où flambait le sapin, un homme était assis. À ses côtés, jetés négligemment à terre gisaient un bonnet de laine, une souquenille brune et quelque chose comme une longue barbe soyeuse et argentée.

Cet homme pouvait avoir trente-cinq ans. Ses traits expressifs accusaient l'énergie. Sa tête mâle et fière soutenait un large front d'où naissait un nez ferme, hardiment tracé. Sa taille paraissait souple, sa poitrine développée, ses cheveux crépus rejetés en arrière s'éclairant aux reflets du brasier lui donnaient l'air d'un lion qui secouait sa crinière.

En cet instant, une pensée bien tendre ou quelque doux souvenir le tenait sous le charme. Il était transfiguré et sa rude nature se dépouillait. Son œil noir et profond était humide comme baigné d'amour, sa bouche fine entrouverte aspirant le bonheur laissait voir ses dents blanches comme autant de perles enchâssées. Toute sa figure enfin trahissait l'émotion, une émotion pleine de délices.

En face de lui, sur une vaste et moelleuse peau d'ours blanc, délicatement appuyée sur des coussins se tenait une jeune femme d'une beauté merveilleuse. Son teint fait de lys et de rose, pétri de lait et de vermillon, était incomparable. Sa chevelure d'un blond cendré était luxuriante et libre. Elle ruisselait sur ses épaules, sur sa gorge et se perdait dans la fourrure. Cette jeune femme avait la pose et les grâces enchanteresses de ces houris célestes qui, sous les orangers et parmi les parfums, languissantes, demi-nues, enivrent de voluptés les guerriers de Mahomet. Près d'elle veillait un chien de taille gigantesque, au pelage fauve. L'animal, comme s'il eût voulu garantir du froid les pieds mignons de l'enfant, avait posé sur eux sa grosse tête velue.

Mollement penchée sur sa couche rustique, elle soutenait de la main un instrument à cordes. Elle venait de chanter sans doute, car, de même que la fleur laisse après elle de suaves exhalaisons, l'instrument se taisait. La voix était muette, et pourtant l'on entendait encore comme les dernières vibrations d'une musique agréable et tendre.

L'homme s'était levé, s'adressant à la jeune femme :

« *Marthe,* lui dit-il, *répète ta chanson, elle me rappelle des heures si douces, elle me raconte mon passé.* »

« *Oh ! Non, Jacques,* répondit-elle, *cessons au contraire ces chants ; certains feuillets de notre vie sont tachés de sang et c'est aujourd'hui le jour des morts.* »

La figure de l'homme s'assombrit, son œil s'emplit d'éclairs ;

« *Je me souviens,* reprit-il, *de cette nuit fatale où je frappai de mon poignard le misérable qui voulait t'arracher à moi. C'était la Toussaint, il neigeait, et la tourmente ébranlait notre pauvre cabane. Je le vois encore, le lâche, tout sanglant dans les bras de ses compagnons. Mais, il était riche et puissant, je n'avais que mon bras pour soutien, et de ce fait nous dûmes quitter le pays. Depuis quinze ans bientôt ce rocher nous donne asile. Nul maintenant ne reconnaîtrait, sous les haillons du Pénitent, Jacques le montagnard, le gai chasseur d'autrefois. Mais quittons ces tristes pensées, et tandis que la torche jette ses dernières lueurs, chante encore, Marthe, chante toujours.* »

L'enfant, à cette prière, préluda par un doux accord, et d'une voix fraîche soupira :

« *Denise avait seize ans,*

« *Tête blonde, âme pure,*

« *Trésors doux et charmants,*

« *Angélique parure.*

« *Un soir, près du lac, elle rencontre Sylvain ;*

« *Le rossignol chantait ; dans l'onde au bleu mirage,*

« *Le saule avec amour baignait son vert feuillage ;*

« Les deux enfants s'aimaient : ils se prennent la main,
« Ils folâtrent dans l'herbe
« Et la nuit. »

À ce moment-là, un cri sauvage et imprécation retentit au-dehors. Marthe s'arrêta, tressaillit. L'instrument, tombé de sa main défaillante, roula vers le brasier. Le molosse avait relevé la tête, retroussant sa lèvre menaçante et laissant voir ses formidables crocs. Quant à l'homme, il fronça le sourcil, tira de son pourpoint une longue lame acérée, comme s'il craignait une agression, et se parlant à lui-même : « *C'est encore lui,* dit-il, *malheur !* ».

Aussitôt deux grandes ombres entrèrent, subitement dans la grotte et se ruèrent sur le Pénitent.

Pendant quelques instants, ce ne fut qu'une mêlée confuse, un tourbillon de corps enlacés, des cris de détresse et d'angoisse, des râles entrecoupés de blasphèmes et la voix rauque du matin.

Bientôt, deux corps inertes tombaient lourdement sur la terre. Peu de temps après, se détachant sur la neige, une forme noire et sinistre escaladait les roches. Elle semblait emporter quelque chose, un chien la précédait.

Quelques jours plus tard, des pâtres pénétrèrent dans le réduit. Ils trouvèrent deux cadavres enveloppés dans des manteaux. L'un portait au sein gauche une plaie large et profonde. Quant à l'autre, sa gorge ouverte et déchirée prouvait assez qu'il était mort étranglé par quelque bête furieuse.

Un reste de torche pendait encore à la voûte. Un escabeau, divers ustensiles brisés gisaient pêle-mêle avec la souquenille brune, la barbe et le bonnet de laine. Dans la cendre du foyer se trouvaient une sorte d'instrument à demi-consumé et le corsage rouge d'une femme.

Le solitaire avait disparu, sans qu'on ne sache jamais ce qu'il devint. Mais pendant longtemps encore les voyageurs purent voir sa boîte de fer rouillée suspendue au bras de la croix. Et puis, un soir d'orage, parmi la foudre et les éclairs, la tourmente emporta le tout.

Et notre conteur d'ajouter :

« Combien de fois naguère avec des amis d'enfance j'ai gravi ces chers rochers. Combien de fois, insouciants et folâtres, pendant les jours d'automne, nous nous sommes assis autour d'un feu de buis dans cette grotte solitaire, sans songer à cet horrible drame qui s'était passé là, sans soupçonner, sous la verdure qui tapisse le granit, les larges gouttes de sang que le temps n'a pu laver. »

La sorcellerie dans le Jura

Un domaine mystérieux de l'histoire de l'humanité

Il n'est pas de domaine plus mystérieux dans l'histoire de l'humanité que celui des relations entre Dieu ou les divinités et les hommes.

Dans la plupart des religions primitives, les dieux tout-puissants n'étaient pas malveillants, mais l'homme devait tout faire pour leur plaire. En évoluant, ces religions et celles qui en sont issues ont pris conscience de ce qui affligeait l'homme, la notion de mal. Ce dernier est alors personnifié : Hathor chez les Égyptiens, Kali chez les hindous, Satan chez les chrétiens, Mara chez les bouddhistes, Iblis pour l'islam…

La religion chrétienne s'est bâtie il y a deux millénaires sur le message du Christ. Au cours de cette période, elle s'est structurée, a dégagé des dogmes tout en s'appuyant sur les religions existantes telles que le celtisme, le mithraïsme, la religion hébraïque…

Elle a subi de nombreux soubresauts au contact des barbares venus du Nord ou de l'Est, l'arrivée d'un Islam conquérant, des hérétiques de tout genre tels les Vaudois, les cathares…, l'Inquisition, les Religions réformées…

Au fur et à mesure du temps, la religion initiale est devenue celle du pouvoir. Tout ce qui sortait de sa morale était banni, considéré comme un danger pour elle.

De bienveillance, elle est devenue rigide, intolérante jusqu'à condamner à mort ceux qui sortaient des clous.

Ce qui apparaissait comme naturel aux gens simples est devenu le mal le plus grand. Pendant de nombreux siècles, sorciers et sorcières furent assimilés aux guérisseurs et aux devins.

C'est ainsi qu'en utilisant le diable, l'esprit du mal, on a montré du doigt et éliminé ceux qui avaient des pratiques inexpliquées. Le religieux possédait La Vérité.

Pour les combattre, les religieux ont fait un amalgame entre ceux qui contestaient les dogmes, les hérétiques, et ceux qui avaient une pratique simple venue de la nuit des temps, d'anciennes religions. Mélange des hérétiques et des sorciers. Le point commun, la présence de Satan, des démons et de ses suppôts...

Sorcellerie ? De façon anthropologique, elle est définie comme la capacité de guérir ou de nuire d'un individu ou d'un groupe au sein d'une société par des procédés ou des rituels magiques. En quelque sorte, elle le pendant négatif des miracles religieux inexpliqués.

De nos jours, du fait d'une meilleure éducation, de la perte des valeurs religieuses et de la puissance temporelle des Églises, elle ne fait plus peur dans nos régions à la majorité de la population.

Ce ne fut pas toujours le cas. Pour expliquer l'inexpliqué au fond des régions isolées, les sorciers ont plus ou moins apporté des réponses empiriques en expliquant le résultat par la présence du diable pour opérer des maléfices.

Au Moyen Âge, on parlait de l'existence du pacte avec Satan. Il existait le besoin de l'Église d'édicter les limites entre les notions de bien et du mal. En réalité, dès le 11e siècle, la chrétienté se met en chasse des hérétiques en utilisant pour cela l'inquisition. Les sorciers des campagnes sont peu impliqués, seulement montrés du doigt.

Jusqu'à la fin du 16e siècle, dans un monde de superstition, ils étaient plutôt considérés comme des devins et guérisseurs. On ne connaissait rien du corps humain ni de la nature. C'est pourquoi les maladies, la famine, les tempêtes, la mort étaient vues comme des phénomènes surnaturels qu'il fallait combattre par des moyens tout aussi surnaturels. Ceux qui avaient le pouvoir, ou être censé l'avoir, pour entrer en contact avec ces forces étaient utiles pour protéger les villageois.

Tout va changer dans la deuxième moitié du 16e siècle jusqu'à la fin du 17e siècle. Pourquoi cette épidémie de bûchers dans cette période ?

La Chrétienté règne sur l'Europe. Mais, même s'il est vrai que l'Église eut une grande importance dans ce phénomène, ce n'est peut-être pas la seule explication de ce mouvement de masse à travers toute l'Europe.

Suite aux nombreux voyages transocéaniques et aux découvertes qui s'ensuivent, les savants sont troublés sur ce l'Église affirme du monde, par exemple le géocentrisme, et remettent en question son enseignement. L'essor du Luthéranisme et du Calvinisme ébranle les dogmes, l'unité et l'autorité ecclésiastiques. Suite à la guerre de Trente Ans, accompagnée de famines et d'épidémies de peste, la population vivant dans la terreur va chercher le réconfort dont elle a besoin.

Pour écarter le danger, ce fut dans d'autres cultes que celui de Dieu ou dans la poursuite et l'exclusion du bouc émissaire qui porte malheur.
Le pouvoir politique et judiciaire ainsi que l'Église vont souvent s'unir pour éliminer ces croyances, restaurer l'unité de la Foi, rétablir la paix sociale et développer le pouvoir central. Dès ce moment l'association de la sorcière au démon et au mal est systématique, lançant alors une véritable chasse aux sorcières.

Bien sûr, il y eut de tout temps des hommes pour exploiter la crédulité de leurs semblables. Ils se disaient en relation avec les puissances surnaturelles, pouvaient prédire l'avenir, guérir leurs semblables, découvrir des trésors... au moyen de pratiques innées ou transmises.
On les donnait comme appartenant à Satan, participant à ces fameux sabbats qui réunissaient démons, sorciers et surtout sorcières. Il faut dire que Satan courrait les routes, en ce temps-là, recherchant tous les moyens pour conquérir et acheter les âmes des chrétiens. Il avait en plus l'aptitude à prendre de nombreuses formes. Parfois, elles étaient attrayantes pour séduire ou tenter qui un amour impossible qui un trésor qui un honneur. Parfois, elles étaient affreuses lorsqu'il fallait susciter la peur et la reddition sans conditions.
L'environnement de cette croyance était naturellement propice : de grandes forêts, des routes cahotantes, des brigands, des loups, en bref l'insécurité permanente.

Henry Boguet, grand juge de Saint-Claude

Le juge, démonologue et légiste

Le contenu des histoires ci-dessous est dû en grande partie au travail réalisé par ce Jurassien hors du commun.

Né à Pierrecourt (Haute-Saône) en 1550, mort en 1619, il fut l'un des plus grands juges de Saint-Claude pendant trente années (1596 à 1616), dans le Comté de Bourgogne (actuelle Franche-Comté). Fanatique zélé, il voyait le diable partout. Peu de choses ont filtré sur son milieu d'origine. Sans doute n'est-il pas issu des classes les plus basses de la société. Dans son enfance, il fut au contact des procès de sorcellerie qui se déroulèrent dans la seconde moitié du 16e siècle.

Sa renommée de brûleur féroce a traversé les siècles jusqu'à ce que Dom Benoit et L.Duparchy en 1892 rétablissent la vérité. Des mille cinq cents victimes qu'on lui attribua – il s'en vanta de quelques centaines -, une quarantaine de sorcières périrent à son époque de manière atroce sur le bûcher[32]. Il oublia le plus souvent de leur accorder le bénéfice du retentum[33].

Il termina sa vie comme conseiller au Parlement de Dôle.

---

[32] En réalité, les minutes des procès conservés aux archives font état de vingt-six malheureuses victimes entre 1598 et 1643.

[33] Dans la procédure criminelle de l'Ancien Régime, le *retentum* traduisait un geste d'humanité envers une personne promise à une peine capitale particulièrement douloureuse

Volontairement, les parlementaires, qui pourtant avaient souvent confirmé ses jugements, laissèrent traîner sa nomination. Il fallut un ordre du prince pour qu'elle soit mise à l'ordre du jour, puis confirmée en assemblée plénière.

Il n'y siégera jamais, et ne bénéficiera pas de cet honneur. Il avait considéré ce retard comme un rejet et de l'ingratitude. Il mourut quelques mois plus tard, en février 1619.

Il faut croire qu'ils furent nombreux à ne pas partager ses vues bien éloignées des traditions et croyances locales. Certains étaient peut-être partisans des Vaudois ?

Discours des sorciers

Son premier ouvrage fut le *Discours des sorciers*[34]... émis pour la première édition en 1602.

Celui-ci faisant cinq cent cinquante pages fut dédié à l'archiduc Albert d'Autriche, duc de Bourgongne (ancien nom de la Bourgogne) et de nombreux autres lieux ..., ce qui prouve l'importance de diffusion dans les allées du pouvoir. L'auteur félicité l'archiduc pour avoir pris ainsi que ces prédécesseurs, des édits de mort contre les sorciers.

---

[34] BOGUET, Henry, Discours des sorciers. Tiré de quelques procez, faicts dez deux ans en ça à plusieurs de la mesme secte, en la terre de S. Oyan de Ioux, dicte de S. Claude au Comté de Bourgongne. Avec une Instruction pour un Iuge, en faict de sorcellerie. 1602.

Il y dépeint les mœurs et les coutumes des sorciers, leurs ruses, leurs abattements dans les geôles devant la torture de la Question.

Il croit au pouvoir des sorciers et des démons en tentant d'apporter des explications s'appuyant sur des faits historiques. Il ne se contenta pas des seuls faits en prenant de la distance pour en analyser tous les contours. Ce *discours des sorciers* fut l'ouvrage le plus littéraire des trois livres de l'auteur écrits sur ce thème.

Les dix premières éditions couvrent la période 1602-1610, correspondant à l'une des principales périodes de persécution organisée en Franche-Comté (1603-1614). Elle fut favorisée par la législation princière (*édit des Archiducs* en 1604), la législation parlementaire (*publication répressive* de 1608) et la participation active de la population. On arrêta deux cent quatre-vingt-six personnes.

Cette répression avait débuté dès 1598, prenant son origine dans la juridiction dévolue à Henry Boguet. Elle dura quatre années avec l'arrestation de quarante-sept personnes.

Instruction pour un juge en faict de sorcelerie

Ce second ouvrage[35], *Instruction pour un juge...* est en fait un additif au premier. Il ajouta d'ailleurs dans le titre de la version de 1603 le terme « *exécrable* ».

Il le dédia à Daniel Romanet, un juge comtois de Salins nommé à cette fonction dans une région considérée comme infectée par la sorcellerie. Pour remplir dignement sa fonction, il demanda à Henry Boguet de lui donner une sorte de guide.

Ce livret de trente-deux pages comportait quatre-vingt-onze articles très clairs, rédigés simplement pour aller à l'essentiel, un vrai guide à l'usage des juges et inquisiteurs.

Il eut un tel succès qu'il fut considéré, dans l'Europe entière, comme un véritable code de procédure à l'intention de ceux qui avaient à juger les crimes de sorcellerie, et par extension puisqu'il y avait eu amalgame, contre les hérétiques aux dogmes de l'Église Catholique apostolique et romaine.

De nombreux juges le consultèrent et le Parlement de Dole l'inclura comme document majeur dans sa bibliothèque.

---

[35] BOGUET, Henry, Discours exécrable des sorciers, ensemble leur procez, faits depuis deux ans en ça, en divers endroits de la France, avec une instruction pour un juge, en faict de sorcellerie, 1603.

Dans sa version rédigée en 1608, il évoque des accusations très concrètes sur :
- Les devins, qui doivent être condamnés au feu, comme les sorciers et les hérétiques, et celui qui a été au sabbat sont dignes de morts,
- Le crime de sorcellerie : on peut condamner sur de simples indices, conjectures et présomptions
- Le crime de sorcellerie, qui est directement contre Dieu,
- Les biens d'un sorcier doivent être confisqués comme ceux des hérétiques,
- Le fait qu'on juge qu'il y a de sorcellerie quand la personne accusée fait métier de deviner, on ne doit pas pardonner aux sorciers,
- Les fascinations diverses, qui sont œuvres du Diable.

S'opposant systématiquement à la torture et à la cruauté dans les interrogatoires, il n'hésitait pas à mettre tous les actes de sorcellerie dans le même sac afin de l'éradiquer définitivement.

Il disait à propos de la secte de Satan (Préface à son principal livre, édition 1610) : « *ceste hydre mérite bien que l'on institue des juges exres pout luy retrancher toutes ses testes a bon escient, et tellement pour qu'il n'en renaisse plus.* »

...Six advis en faict de sorcellerie...

Ce troisième ouvrage de quatre-vingt-quatorze pages[36], en fait un additif au premier, est dédié à l'Illustre et Révérend Seigneur, Messire Antoine de la Baume, abbé de Luxeul (Luxeuil). L'une des raisons de cette dédicace est de faire le lien entre la sorcellerie et le développement hérétique des Vaudois.

C'est un livre très étonnant, écrit en français ancien, comportant de nombreuses annotations et références latines. Il fut rédigé à partir de cas concrets et l'argumentation nécessaire permettant de faire face aux situations complexes.

Le premier avis concerne surtout Marguerite Mouille dite la Monniere (meunière) du moulin Fleuret poursuivie comme sorcière et comme vaudoise à la requête de Pierre Vaudry, procureur de justice de Bracon, devant le juge spécial de la justice de Salins.

Elle aurait assisté à plusieurs sabbats en compagnie de plusieurs sorcières et sorciers (la Michaude, la Binette, la Molue, la Boudette...).

On est toujours étonné de ces surnoms donnés aux gens du peuple qui fleuraient bon la campagne ancienne. La liste des sabbats fréquentés est longue, les principaux retenus étant les Combes d'Arloz et la Noue Merceret près de Sézenay.

---

[36] BOGUET, Henry, *Discours des sorciers avec six advis en faict de sorcellerie et une instruction pour un juge en semblable matière*, 1608.

La majorité des accusations furent basées sur des rumeurs, la Monniere restait souvent seule la nuit au moulin « *pour converser plus familièrement avec le démon.* »
Condamnée par le tribunal de Salins, jugement confirmé par le Parlement de Dole, elle fut brûlée à Dole.

Le second avis concerne Loyse Servant, dite la Surgette. Elle aurait fréquenté le sabbat des Combes d'Arloz en compagnie de la Binette, la Michaude… On l'accusa aussi de répandre la maladie autour d'elle sans omettre qu'elle en avait guéri d'autres… On retint aussi la présence d'une marque insensible à la cuisse gauche. Elle a subi un sort identique à la Monniere.

Le troisième avis concerne Rolande Duvernois [37] ?

Le quatrième avis concerne la confiscation des biens d'un sorcier. La règle voulait que ces biens et ceux des hérétiques soient confisqués. L'auteur fait ici une vraie différence entre sorcellerie et pratiques hérétiques, en étant plus sévère pour ces derniers.
Il était convaincu que les enfants de sorciers avaient de meilleures dispositions pour le devenir surtout s'ils étaient privés de leur héritage, les poussant à se donner aux démons.
« *Il semblait*, disait l'auteur, *meilleur d'user de grâce en leur endroit et leur laisser quelques honnestes moyens pour vivre le reste de leurs jours.* »

---

[37] Son histoire est racontée dans cet ouvrage page 107.

Bien sûr, cette disposition ne pouvait s'appliquer qu'aux personnes libres, c'est-à-dire non soumises à la *mainmorte*, le servage. Elle ne sera abolie qu'en 1789.

Le cinquième avis concernait l'exemple de Guillemette Joubart[38]. Ici sont posés l'existence et les fondements de la relation charnelle entre une sorcière et un démon. Était-elle consentie ou subie ? L'auteur n'apporte aucune réponse définitive.

Le sixième avis concernait un voleur… transformé pour la cause en sorcier dont voici l'histoire succincte.

En 1606, en passant à Septmoncelles (Sepmoncel), un étranger acheta à Pierre Janin une jument au prix de dix-huit ducatons. Douze furent payés comptant, le solde réglé à son retour de Genève. En gage, il remit une chaîne en or. Pièces et chaîne furent enveloppées dans un morceau de papier en attente de la régularisation de la vente.

Le lendemain, Janin ouvrit le papier. Quelle ne fut pas sa surprise de ne point y trouver la chaîne, et de constater que les ducatons étaient en fait des rondelles de plomb. À l'évidence, il s'agissait de l'œuvre d'un sorcier. Henry Boguet conclut en disant « *que l'auteur de ce vol devra être condamné au feu … quand il sera pris.* »

Par cet exemple, Boguet s'attaquait aux prestidigitateurs, magiciens, à ceux capables de changer l'or en plomb et vice-versa, mais aussi capables d'éblouir les yeux de celui avec qui l'on traite.

---

[38] Son histoire est racontée dans cet ouvrage page 115.

Le Comté de Bourgogne à cette époque

À cette époque se cristallisent dans la région toutes les tensions et les angoisses d'une fin de siècle. La peste sévit à l'automne 1607 et le passage fréquent de troupes armées (guerres, épidémies et famines), dès le début du 17e siècle, contribue à créer un climat d'insécurité au sein des communautés villageoises haut-jurassiennes.

Une deuxième raison s'ajoute pour l'Église catholique, les dangers liés pour la religion à l'hérésie calviniste toute proche. La terre de Saint-Claude est isolée, proche de la Suisse protestante.

D'autres éléments vont s'y ajouter.

La mainmorte oblige les paysans à pratiquer la consanguinité. Le *mauvais œil* est partout. Les sorciers et leur maître, le diable, sont à l'origine des mauvaises récoltes, des maladies, de la perte du bétail.

Le Comté de Bourgogne, sous la conduite éloignée de Philippe II puis d'Isabelle de Castille à partir de 1598, reste très fidèle à l'orthodoxie catholique. Le Haut-Jura est alors considéré comme un rempart géographique contre l'hérésie genevoise.

Dès 1575, des enquêtes sont ouvertes. Très rapidement, la chasse aux hérétiques se transforme en chasse aux sorcières. La justice ecclésiastique, lors de ces enquêtes, va se rendre compte que les ouailles haut-jurassiennes sont en proie aux superstitions les plus folles et que le sorcier est au sein du village plus sollicité que le curé.

En 1596, tout est donc réuni pour entamer une chasse aux sorcières de grande envergure. À la détermination de juges tels Henry Boguet s'ajoute le refus par les communautés villageoises de la fatalité qui les frappe régulièrement.

La première victime, Françoise Secrétain, une mendiante de Coyrière avoue sous la torture. Elle dénonce douze personnes dont sept sont brûlées sur les étapes (l'actuel cimetière) le 25 août 1598. Le Haut-Jura se distingue du reste de l'Europe par un fort pourcentage d'hommes parmi les accusés. Quant à la sorcière, elle est jeune, bien intégrée, souvent mariée avec des enfants. De jeunes enfants deviennent accusateurs.

Pierre Vuillermoz de Coiserette, âgé de douze ans, accuse son père Guillaume qui mourut dans sa cellule suite aux tortures. Thévenin Pinard est accusé alors qu'il a quatorze ans.

La peur du loup (Boguet raconte que pendant l'hiver 1597 des enfants de Longchaumois sont dévorés par des sorciers transformés en loups) pousse les villageois à croire aux loups-garous (lycanthropie).

De la puissance du diable au 17ᵉ siècle

Vision de Jules Michelet dans La Sorcière

L'histoire de la sorcellerie est significative de l'histoire même de la civilisation. Le grand auteur Michelet[39] dans son ouvrage conclut à la décadence morale du grand siècle.

Dans la *Sorcière*, l'éminent historien examine de singuliers procès dans leurs causes et leurs effets qui projettent une lumière inattendue sur l'esprit public, les mœurs, les institutions et les lois du 17ᵉ siècle. Lumière sinistre, instructive.

Le diable a son culte, ses prophètes, ses adorateurs, ses historiographes, ses lieutenants, ses apôtres... Il dispute au ciel ses prêtres, son encens, ses autels. Il fait des prodiges, commande aux éléments, dispose de la santé, de la fortune, de la vie des hommes, fait chaque jour de nouvelles recrues, de nouvelles victimes.

Il épouvante ses adeptes, ses ennemis, se moque de la torture, des bûchers, des hécatombes, passe au travers du feu, les malédictions, les exorcismes sans jamais être définitivement vaincu. Il lutte parfois victorieusement contre Dieu.

---

[39] MICHELET, Jules, Décadence morale du XVIIe siècle, La Sorcière, 1862.

Voici le constat de Michelet :

« *L'esprit de Satan a vaincu ; mais c'est fait de la sorcellerie. Toute thaumaturgie diabolique ou sacrée est bien malade alors... C'est la grande révolte qui a décidément vaincu... L'esprit de la nature et les sciences de la nature, ces proscrits du vieux temps, rentrent irrésistibles. C'est la réalité, la substance elle-même qui vient chasser les vaines ombres.* »

La croyance aux sorciers au 17e siècle est plus vivace et intense que jamais. Elle domine aussi bien les provinces éclairées de la France que l'Écosse, l'Allemagne, l'Angleterre, l'Espagne, l'Italie...

Dans toutes ces contrées, c'est la même préoccupation obsédante, l'idée fixe du diable, de la possession, des sortilèges et des maléfices.

Des sorciers, on en voit partout et par légions. En France, Henry Boguet dont je vais parler plus tard indiqua qu'il y avait près de 300 000 sorcières et sorciers du temps de Charles IX. Ils seraient plus nombreux en Allemagne.

La puissance du diable

Les procès de sorcellerie nous ont révélé la puissance et les procédés employés par le diable.

Ambitieux, jaloux, perfide, il se trouve selon les croyances à la tête d'une immense armée qui ne demande qu'à s'étendre pour lutter contre Dieu[40].

Les démonographes, auteurs écrivant sur les démons, ont décrit à de nombreuses reprises son gouvernement. Jean Wier,[41] en plein 16e siècle, présente un tableau détaillé de la monarchie diabolique.

Elle compte soixante-douze princes commandant à plus de sept millions de diables ou démons. Ces légions, que certains croient plus puissantes et plus nombreuses encore, sont lancées à la conquête de notre monde.

Leurs principales armes sont la ruse, l'audace, l'hypocrisie, le mensonge...

Le diable, pour conquérir sa victime, peut revêtir de nombreuses formes, d'ailleurs quasiment toutes. Il peut se « *composer rapidement un corps avec l'air ou d'autres éléments pour arriver à ses fins* » nous dit Henry Boguet[42], démonologue, grand juge de Saint-Claude (1596-1616).

---

[40] DELACROIX, Frédéric, Les procès de sorcellerie au XVIIe siècle, G. Harvard fils éditeur, 1896.
[41] WIER, Jean, *De Prestigiis et Incantationibus*, traduction de Jacques GREVIN, 1667.
[42] BOGUET, Henry, Discours des sorciers..., opus cité.

Quand il prend figure humaine, il est toujours de couleur noire. C'était peut-être vrai du temps de l'auteur dans les montagnes du Jura, mais l'esprit malin avait plus d'autres ressources et d'autres moyens de séduction.

Pour gagner les hommes, il pouvait prendre la forme d'une femme appelée *succube*. Au contraire, pour gagner le cœur des filles d'Ève, il prenait la forme d'un homme dénommé *incube*.

Il peut aussi n'être qu'une ombre, se donner l'apparence d'un animal quelconque de préférence noir, et même se transformer en ange consolant pour faire entendre de belles paroles afin d'obtenir ce qu'il est venu chercher. Ses formes préférées sont toutefois l'animal ou l'homme.

Les démonologues tels Del Rio, Remy, Boguet expliquent la manière dont il opère. Le terrible tentateur se présente aux personnes seules, inquiètes, malheureuses, tourmentées de passions, aux déshérités, aux malades qui toutes peuvent servir à ses desseins. Toujours en quête de nouveaux adeptes, il exploite aisément la misère, leurs faiblesses, leurs envies et désirs, leurs besoins, leurs colères, leurs haines pour lesquels il agit en conséquence.

En échange, il a l'éloquence facile en s'adaptant à chacun. Beau parleur, il promet l'oubli des maux, la richesse, des dons merveilleux, la science du mal pour les vengeances… En quelque sorte, il s'appuie sur la partie animale de tout être humain.

Capable de se dédoubler, il peut se trouver à la même heure dans des lieux différents, et dans un même lieu, il peut apparaître à l'un tout en demeurant invisible à l'autre.

Les individus arrêtés comme sorciers et les témoins racontent tous des scènes plus ou moins fantastiques. L'initiation démoniaque passe par la renonciation à Dieu et au baptême, les promesses échangées et la signature du pacte.

Aussitôt ce pacte conclu, l'envoyé de l'enfer prend un nom familier permettant au nouvel adepte de faire appel à lui facilement. Il imprime aussi sur une ou plusieurs parties du corps de son nouvel allié le *sigillum diaboli,* sa marque de propriété.

La possession peut avoir lieu sans pacte, de manière spontanée, même au sein d'une église durant une cérémonie religieuse.

L'œuvre diabolique se révèle parfois plus ou moins complète. Si la possession s'illustre par des contorsions, des cris, des hurlements épouvantables, il arrive parfois que le diable rencontre une vigoureuse résistance quand la conscience du bien se révolte. Le possédé repousse les avances du mauvais esprit, et des pourparlers s'engagent entre le possédé et le diable. Le possédé le combat par le jeûne, la prière, les aumônes.

Les pouvoirs des sorciers

Magie blanche, magie noire

Si la majorité des sorciers pratiquaient les maléfices, certains, peut-être les mêmes d'ailleurs vis-à-vis d'autres personnes, semblaient avoir le pouvoir de faire le bien, notamment en voulant soigner les malades. Mais ils agissaient alors très souvent contre rétributions sonnantes et trébuchantes.

Des historiens se sont posé de nombreuses questions à ce sujet. Ils sont toujours étonnés que le Démon seul intervînt, et non pas les anges. Jean d'Autun[43], dans son ouvrage paru à Lyon en 1661, nous en livre un début de réponse.

« Les douceurs de la conversation ont des charmes qui captivent les plus farouches ; il semble que la raison n'est pas plus essentielle à l'homme que la société, et qu'être animal raisonnable et sociable est la même chose. Mais cette forte inclinaison a ses propres objets, et se trouve limitée dans l'étendue de son espèce.

« Les anges, qui sont dégagés de la matière, sont trop élevés pour s'abaisser jusqu'à nos conférences ; ils dédaignent notre commerce, et leur langage, qui ne s'exprime que par la manifestation de leurs pensées, n'a rien d'assez bas pour se rendre intelligible par la parole.

---

[43] AUTUN, Jean d', l'incrédulité savante et la crédulité ignorante, Lyon, 1661.

« C'est par cette inégalité de condition et de nature que les incrédules tournent en ridicule les apparitions des démons aux magiciens, et qu'ils prennent pour des fables les assemblées de sorciers, où ils paraissent en formes visibles ; comme s'ils ne pouvaient se présenter aux hommes sous des figures empruntées, et former des paroles par le battement de l'air pour se rendre intelligibles en leur conversation.

« C'est de cette manière que les démons ont apprivoisé les hommes curieux d'entrer en commerce avec de purs esprits ; c'est par de semblables prestiges qu'ils leur ont enseigné l'art magique ; car, à moins que de l'avoir appris de leur bouche, les magiciens, ni les sorciers n'ose entreprendre les merveilles qu'ils font que par le ministère des démons, qui en sont les auteurs.

« Les sciences et les arts ne s'apprennent pas sans maîtres. Le premier, le plus savant de tous les hommes reçut ses lumières de Dieu, qui versa dans son âme la connaissance de toutes les choses ...

« Il transmit cette belle science ... à son fils Seth, de qui la postérité en conserva les secrets sans corruption et pour l'utilité de la vie commune, et pour reconnaître Dieu l'auteur de ces merveilles, jusqu'à ce que, l'alliance sacrilège avec la race de Caïn, ces malheureux s'employèrent à des choses profanes et nuisibles par l'instinct du démon, changeant hardiment en curiosité, en prestiges, maléfices, superstitions et art magique, ce qui avait été pieusement institué.

« Voilà l'origine de ces deux sortes de magie, dont l'une est innocente et l'autre criminelle. L'une est appelée magie blanche et l'autre magie noire. Dieu est l'auteur de la première, et le démon de la seconde. L'une par une science infuse fut communiquée à Adam, l'autre enseignée aux curieux par un commerce familier avec le démon.

« Car qui aurait pu s'imaginer que des caractères inconnus, des cercles marqués sur la terre avec une baguette de coudrier, des paroles qu'une vieille aura marmotées (marmonnées) entre ses dents, fussent des moyens pour attirer les démons et pour guérir ou faire cesser les maladies, si l'esprit malin, par une conversation secrète avec les hommes, ne leur avait appris ces impiétés. »

Les maléfices des sorciers du Jura

Une des raisons pour laquelle des hommes et des femmes voulaient devenir sorciers ou sorcières était souvent liée à l'envie, la rancœur, la jalousie ou la volonté de faire le mal.

Devenir sorciers leur permettait d'acquérir les pouvoirs pour jeter des maléfices sur leurs victimes choisies. De nombreux cas furent cités durant cette période où le Diable était souvent brandi vers les esprits simples par les autorités religieuses. Les quelques exemples cités dans cet ouvrage peuvent paraître de nos jours étonnants ou non justifiés. À cette époque, cela était la normalité.

Jeannette Gressor, femme de Jean Liegeard, des Granges, fut brûlée vive pour avoir fait tarir le lait d'une nourrice.

Le fils d'un gentilhomme de Saint-Claude, âgé d'une quinzaine d'années, fut ensorcelé par son précepteur. Il rendit par l'urètre cinq ou six morceaux de papier couvert de versets de l'Écriture sainte, accompagnés de caractères cabalistiques inconnus.

Les animaux étaient aussi des cibles. Ce fut le cas des poules du Gros-Jacques de la Croya, près de Villard-Saint-Sauveur, qui se précipitaient en tournant en rond, ou gravissaient les murailles. C'étaient les bestiaux touchés par la baguette magique de Françoise Secrétain, de Coyrières, près des Bouchoux, qui disait : « *Je te touche pour te faire mourir.* »

C'étaient parfois les loups introduits volontairement dans les bergeries pour dévorer les animaux.

La terre et les cultures n'étaient pas exemptes de la haine des sorciers. Certains pouvaient provoquer la grêle pour détruire les cultures, ou le brouillard pour empêcher la fécondation des fleurs comme à l'étang de la Balise à Septmoncel ou la récolte des noyers aux Molunes.

On peut citer aussi les incendies allumés par les sorciers entre 1540 et 1599, par des sorciers appelés alors *boute-feux*.

Les bienfaits des sorciers du Jura

Si la majorité des sorciers pratiquaient les maléfices au détriment de ceux qu'ils n'aimaient pas ou pour de l'argent, certains, peut-être les mêmes d'ailleurs, semblaient avoir le pouvoir de faire le bien.

Un enfant de Saint-Claude fut atteint d'une maladie étrange, un hoquet violent menaçant à chaque instant de le faire passer de vie à trépas. Il s'étouffa et déjà le voile de la mort couvrait ses yeux. On recourut aux médecins, mais rien ne semblait le ramener à la vie. Les parents s'adressèrent à une vieille sorcière. Il est vrai qu'en ces temps-là, les sorciers n'étaient pas pourchassés. Ils cohabitaient avec le monde ecclésiastique, travaillant quelquefois à la cure.

Elle demanda à ce qu'on la laissât seule avec l'enfant. La famille accepta avec beaucoup de méfiance. C'était là le dernier moyen qu'il leur restait pour sauver l'enfant. Néanmoins, ils se mirent en position de la surveiller étroitement pour éviter, si l'enfant mourait, que son âme soit offerte à Satan.

Elle prit une brique et un pain de sel qu'elle chauffa, puis la plaça avec l'enfant entre ses bras. Ils se recouvrirent de la tête au pied d'une couverture, restant dans cette position durant une bonne demi-heure. On peut comprendre l'inquiétude de la famille et des assistants. Le temps leur parut très long, ne voyant qu'une masse informe sous la couverture.

Au bout de ce laps de temps, la femme et l'enfant se découvrirent, la sorcière appelant la famille. L'enfant était guéri. Sa maladie disparut définitivement.

Une autre histoire peut nous questionner, celle arrivée à Jeanne Platet en 1607.

Elle se trouvait emprisonnée à Saint-Claude lorsqu'une jeune fille, Guillauma Blondan, tomba gravement malade. Ses parents, à l'insu du juge, lui demandèrent d'intervenir. Elle accepta et ordonna de faire une neuvaine qui débuta le vendredi suivant. Durant la nuit du neuvième jour, la sorcière mourut subitement dans sa geôle alors que la jeune fille fut guérie. Elle avait après avoir craché plusieurs petites bêtes en forme de lézards et un morceau de charbon. On trouva même deux trous percés dans le plancher de la chambre, réalisés par quelque chose d'inconnu.

Une autre sorcière, Louise Servant, malgré sa condamnation, avait guéri un dénommé Philippe d'Amelanges de Salins. Chaque jour qui passa jusqu'à sa guérison complète, on constata qu'un poulet et un canard mourraient dans la basse-cour. Cela dura une dizaine de jours, ce qui fit dire que Satan considérait que la vie d'un homme correspondait à vingt volailles.

La pratique du sabbat

Il n'était pas étonnant que le diable ou l'un de ses démons fasse ses assemblées durant la nuit. Le Christ assure que *celui qui faisait le mal avait la lumière en haine*. Dans les Écritures saintes, on peut lire que Satan était le *recteur des ténèbres*. Dans l'*Exode*, Satan se faisait reconnaître aux aînés des hommes et des bêtes d'Égypte qu'il tua au point de minuit.

Le démon aime la couleur sombre. De tout temps, il voulut que ses offrandes soient de couleur noire. Par exemple, certains remèdes étaient tirés d'un pigeon noir coupé en deux ou du fiel d'un chien noir contre les maléfices. Les chats noirs, selon la tradition, annoncent toujours une mauvaise nouvelle. Le noir est l'inverse du blanc, *couleur agréable à Dieu* dit Cicéron. Le blanc signifie candeur, innocence, humilité, chasteté. Ce ne pouvait donc n'être que la nuit que pouvait se dérouler le sabbat.

Comment se déroulait-il ?

Le démon convoquait les sorciers de la région au cours de la nuit afin qu'ils ne soient pas découverts. C'était pour la même raison qu'ils dansaient quelquefois dos à dos, voire qu'ils se masquaient notamment les femmes, comme l'a confessé Claude Paget dite la Foulée.

Dès que le coq venait à chanter, tout disparaissait, car ce chant annonçait l'arrivée de la lumière du jour. Il était funeste au démon, aussi redoutable que le lion et le serpent.

La plupart du temps, il avait lieu le plus souvent le jeudi sans que l'on sache pour quelle raison, parfois les jours de fêtes solennelles chrétiennes.

Une dénommée Antide Colas avoua qu'en l'espace de sept ans, elle « *avait esté au Sabbat à un chacun bon jour de l'an, comme à Noël, à Pasques, à la feste Dieu et autres semblables, et que pour la dernière fois elle y fut une nuict des festes de Pasques en la Combe saincte Marie, où se retrouvèrent avec elle environ quarante personnes.* » Elle ajouta « *que la nuict du jour de Noël précèdent, elle y fut entre la messe de minuit et celle du poinct du jour.* »

Le lieu était toujours marqué par des arbres ou des croix. Près de Longchaumois, il s'agissait d'un pré situé près des ruines d'une maison. Près de Coirieres (Coyrières), l'endroit était appelé les Combes. Près de Nezan[44], il s'agissait du lieu dénommé Fontenelles, au hameau de la Mouille, la cour du prieuré, près de Quintigny, le lieu-dit la Couvette...

La présence d'eau à proximité était nécessaire, car le démon battait l'eau avec une baguette pour obtenir de la grêle.

Selon les confessions, les sorciers se rendaient au sabbat en utilisant des moyens différents.

---

[44] Hameau de Montcusel (Mont à la cascade).

Par exemple, Françoise Secrétain y allait sur un bâton blanc, Rolande Duvernois sur un mouton noir gros comme sur un cheval, Thievenne Paget et Antide Colas transportés par Satan lui-même. Pour d'autres, il s'agissait d'un bouc, un cheval, un balai en sortant de leurs maisons par la cheminée, des images encore bien présentes dans l'inconscient populaire. La plupart y allaient tout simplement à pied.

Certains se frottaient avec de la graisse.

Le déroulement de la cérémonie

Lors de la cérémonie, les sorciers adoraient Satan représenté par un mouton noir, un bouc ou un chat noir. On lui offrait des chandelles en s'agenouillant devant lui et en lui baisant son derrière. Puis, démons et sorciers mélangés dansaient souvent dos à dos, chantant dans une grande cacophonie, Satan jouant de la flûte.

Les danses terminées, les sorciers s'accouplaient sans tenir compte des liens de parenté. Ainsi le frère avec la sœur, le père avec sa fille, la mère avec son fils… La tradition sorcière voulait que pour être un bon sorcier, il fallait naître de la mère et du fils.

« Le Sorcier doit sortir du fils et de la mère, s'il est vray que croit le Persan téméraire. »

Après s'être vautré dans les plaisirs de la chair arrivait le temps du banquet. Avant de commencer à manger, les sorciers bénissaient la table avec des paroles faisant de Beelzebub (Belzebuth) l'auteur et le conservateur de toutes choses.

Dans certaines descriptions, les victuailles étaient sans sel, insipides, sans parfum. La viande cuisait dans une grande marmite posée sur le feu où chacun allait se servir. Pourtant, la viande était froide. On trouvait parfois des fromages et du beurre.

On y buvait surtout de l'eau, quelquefois du vin. Quand les sorciers sortaient de table, beaucoup confessèrent qu'ils étaient aussi affamés qu'au début du repas. Certains dirent qu'ils avaient mangé du vent. Peut-être finalement que le banquet n'était que virtuel, uniquement dans leurs esprits.

Bien entendu, le sel était exclu, il représentait le symbole de l'immortalité que le diable avait en haine. Outre que Dieu avait commandé que l'on mêlât du sel en tout sacrifice[45] qui lui serait fait, il était utilisé pour baptême, antidote souverain contre la puissance de Satan.

Le banquet terminé, chacun racontait ses exploits souvent exagérés. C'était à celui qui avait fait mourir le plus d'animaux, d'hommes, qui avait propagé le plus la maladie ou gâté le plus de fruits, qui avait fait le plus de malveillances. On se moquait avec méchanceté de ceux qui s'étaient montrés trop humains en les mettant souvent à l'écart ou après les avoir battus.

Ce proverbe répandu est parlant : « *Fay du pis que tu pourras, et le Diable ne scaura que te demander.* »

Le moment est alors venu de renouveler le serment solennel de renoncer à Dieu, à la Vierge et aux saints en parodiant les cérémonies et sacrements de l'Église.

---

[45] Évangile de saint Marc.

Leurs engagements étaient de nuire à leurs voisins, de les rendre malades, de se venger de leurs ennemis... Le démon leur faisait prendre aussi le serment de ne pas s'accuser mutuellement sous peine de mort.

Très souvent, ils fabriquaient de la grêle dans le but de créer la désolation en tapant l'eau, pour commander aux vents, tempêtes et orages. Si l'eau venait à manquer, elle était utilement remplacée par l'urine des sorciers et des démons.

Arrive enfin la célébration de la messe, copie arrangée de celle de la religion.

Celui qui joue le rôle de l'officiant porte une écharpe noire, sans croix. Après avoir mis de l'eau dans le calice, il tournait le dos à l'autel, élevant un rond de rave teint en noir en lieu et place de l'hostie traditionnelle.

Tous les assistants criaient alors : « *Maistre, aide-nous.* »

En même temps, le diable pissait dans un trou creusé dans la terre. L'urine faisant office d'eau bénite, l'officiant arrosait tous les assistants à l'aide d'une asperge[46] noire.

Finalement, le diable ayant pris la figure d'un bouc se consumant en feu se réduisait en cendres. Les sorciers recueillaient celles-ci devenues précieuse, les cachaient pour l'utiliser dans l'exécution de leurs desseins pernicieux et abominables. Puis, chacun retournait chez soi.

---

[46] Du verbe asperger – mot ancien désignant l'équivalent de l'encensoir pour asperger.

Une sorcière au sabbat... par la pensée

Le sabbat est une vieille tradition du paganisme. Parfois, la participation de certains sorciers s'était réalisée par l'imagination selon leurs dires. Il suffisait pour cela prendre des hallucinogènes ou être très fatigué.

Henry Boguet nous conte cette histoire.

Un homme d'Ugna amena un jour sa femme à Orgelet, en l'accusant de sorcellerie. Il fit enregistrer sa plainte de la manière suivante (en françois ancien) :

« A certaine nuict d'un jeudy, comme ils estoient couchéz ensemble, il se donna garde que sa femme ne bougeoit pas, ni souffloit en aucune façon ; sur quoy il commença à l'espoinçonner[47], sans neantmoins qu'il la peust jamais faire esveiller ;

« Au moyen dequoy, il fut touché de quelque frayeur, et à ceste occasion il se voulut lever pour appeler ses voisins ; mais, quelque effort qu'il fit, il ne luy fut pas possible de sortir du lict, et luy sembloit qu'il estoit entrappé par les jambes, aussi en outre estroit-il là réduit qu'il ne pouvoit crier de façon que ce soit :

« Et demeura en ceste sorte environ trois heures, et jusques à ce que le coq eust chanté, car alors la femme s'esveilla en sursaut, respondant, sur l'interrogat qu'il luy fit, qu'elle estoit si lasse du travail qu'elle avoit eu le jour precedent qu'estat pressée du sommeil, elle n'avoit rien senti de ce qu'il lui avoit fait.

---

[47] Espoinçonner, ancien mot voulant dire stimuler avec quelque chose (un poinçon par exemple)

« Le mary adjoustoit qu'alors il eut l'opinion que sa femme venoit au Sabbat, dautant mesme, que desia auparavant il la soupçonnoit quelque peu, à raison qu'il estoit mort du bestail à quelques siens voisins, qu'elle avoit menacez. »

Prenant à la lettre ces déclarations, il y avait de fortes chances que cette femme soit allée au sabbat en âme seulement. Les raisons probables étaient :

« Que cette extase avait eu lieu le jeudi, jour traditionnel du sabbat,

« Que l'excuse qu'elle donna montrait bien qu'il y avait de la malice de son côté. Car quel homme n'avait jamais vu quelqu'un si endormi d'un travail ou d'un labeur précédent, que l'on était si peu éveillé ? Georges Gandillon (un sorcier) s'excusait de la même façon, lorsqu'on lui demanda pourquoi il ne s'était point éveillé bien qu'on l'ait remué à plusieurs reprises.

« Que le mari se sentait entrappé (attrapé) par les jambes, sans pouvoir crier, car ici, on reconnaissait assez ouvertement qu'il y avait eu sortilège.

« Que cette femme s'éveilla en sursaut, lorsque le coq chanta. N'oublions pas que le sabbat se tient de nuit et disparaît au jour, annoncé par le coq, apparaît.

« Qu'après les menaces faites à ses voisins, du bétail était mort, ce qui la rendait suspecte de sorcellerie.

« Que déjà ses parents en étaient fort soupçonnés, ce que conclurent les Échevins. »

Dans ses commentaires, après avoir pesé les arguments, Henry Boguet conclut à l'impossibilité de se rendre en âme seulement à un sabbat.

En effet, il lui semblait impossible que l'âme puisse se séparer du corps sans entraîner la mort. Cela ne pouvait être qu'un miracle, qui n'était que du fait de Dieu seul et non pas de Satan, lequel ne peut intervenir que sur des causes secondes et naturelles.

Si le démon voulait que le sorcier aille au sabbat, il agissait pour endormir tout le monde. Si un sorcier croyait avoir été au sabbat en âme, c'est qu'il était endormi profondément par le démon, et avait revécu dans sa pensée l'image d'un sabbat réel auquel il avait assisté. On ne peut aller au sabbat qu'en corps et en esprit.

Le sabbat de Quintigny

Henry Boguet dans son ouvrage[48] nous indique que *« le sabbat (de Quintigny) se tenoit dans ce rond ou cerne, et que le démon y portoit par l'air ses supposts. »*

Plusieurs témoins racontèrent avoir vu, dans le bois de Couvette, un rond dans la neige où nul pas ne conduisait, comme si, celui ou celle qui l'avait fait était arrivé par les airs.

Tout autour, on apercevait de nombreuses empreintes peu profondes – un demi-doigt tout au plus – de pas d'hommes, d'enfants, mais aussi des traces d'animaux, notamment d'ours. La neige était teintée de nombreuses taches d'urine.

Ils affirmèrent qu'eux-mêmes, en voulant se rendre sur ce lieu, durent progresser difficilement en s'enfonçant dans la neige à mi-hauteur d'homme.

---

[48] BOGUET, Henry, Discours des sorciers..., opus cité.

Indices permettant de confondre un sorcier

Lorsqu'un individu était accusé de sorcellerie, généralement par la rumeur publique, trois éléments principaux étaient retenus : la marque du diable, l'aveu (ou les témoignages) de la participation à un sabbat et la pratique de sortilèges ou maléfices.

L'enquête devait se faire avec grande prudence, après l'arrestation et la mise à l'écart de la personne accusée, présumée coupable, en récitant constamment des prières.

Pour éviter les dénonciations non fondées, une liste d'indices probants fut établie pour prouver que la personne accusée pouvait être considérée comme pratiquant la sorcellerie. Elle se décompose en indices graves et en indices légers.

Les indices graves :

- *L'aveu de l'accusé,*
- *L'aveu d'un complice,*
- *La clameur publique,*
- *La déclaration de l'ensorcelé,*
- *L'intimité avec un sorcier,*
- *La menace d'un sort, suivie d'effet*
- *La possession sur soi ou dans sa maison de poudres ou de graisses non habituelles,*
- *Les mensonges et variations aux interrogatoires,*
- *La fuite, même avant la fin de l'information*
- *Une marque ou un signe insensible sur le corps.*

Les indices légers

- L'habitude de l'accusé de tenir les yeux fixés à terre pendant l'interrogatoire,
- Son regard affreux et sa mauvaise physionomie,
- Sa naissance de parents sorciers,
- Son habitude de jurer et de blasphémer,
- La feinte de jeter des larmes sans pouvoir pleurer,
- L'absence d'une croix ou d'une partie de croix à son chapelet,
- Le reproche d'être sorcier enduré sans demander à poursuivre le calomniateur,
- La demande d'être rebaptisé,
- Sa négligence à dénoncer les sorciers et hérétiques.

Les sorciers loups garous du Jura

Les loups-garous, transformation d'un être humain en loup, sont une très ancienne croyance. Son existence est ancienne, attestée dans des écrits de Virgile, Solin, Strabon, Pomponius... On commença en France d'en douter sous Louis XIV. Ce terme signifie un loup dont il faut se garer (se méfier).

Ils ont été pendant longtemps la terreur des campagnes, car à l'époque, on pensait que les sorciers ne pouvaient se faire loups qu'avec l'aide du diable, l'obligeant à errer dans les campagnes en poussant d'affreux hurlements.

Une des spécificités du loup-garou est son goût pour la chair fraîche, étranglant aussi bien chiens qu'enfants surtout, les mangeant de bon appétit.

Selon certaines traditions, il s'agissait d'une vraie transformation, celle-ci étant très contestée par les démonographes, les spécialistes de la science des démons.

Le plus souvent, ces sorciers ou pauvres hères feignaient cette transmutation pour assouvir les plus bas instincts de l'animalité de l'homme. Ils s'imaginaient dans un moment de démence qu'ils étaient changés en loups acquérant de ce fait les mœurs et habitudes de l'animal.

Se déguisant en portant des peaux de loups, ils se mettaient à courir à quatre pattes pour les imiter, hurlant comme eux avant de se jeter sur leurs victimes.

Au début du 17ᵉ siècle, plusieurs ouvrages furent édités dont celui du prieur de Laval qui a publié son *Dialogue de la lycanthropie*. Le sieur Beauvoys de Chauvincourt, gentilhomme angevin, fit imprimer en 1509 son *Discours de la lycanthropie, ou de la transmutation des hommes en loups*. Ces auteurs affirmaient tous l'existence des loups-garous.

Dans son tribunal de Saint-Claude, Henry Boguet eut aussi à juger neuf cas de lycanthropie (loups-garous).

Dans les histoires qui suivent, quelle est la part de l'un ou de l'autre ?

Le bûcheron loup-garou de Commenailles

Toujours près de Chaumergy, Commenailles était réputée pour être la terre de prédilection des loups-garous, de nombreux hameaux étant situés au cœur de la forêt.

Dans le bois des Augrilles, une fontaine sulfureuse dénommée la Magdelon avait la réputation de préserver de la fièvre les personnes qui en faisaient usage. On trouvait aussi dans la forêt de Fay sept mares parfaitement alignées, que d'aucuns considéraient comme des monuments celtiques.

Vers le milieu du 19ᵉ siècle selon Gabriel Gravier déjà cité, un de ces loups-garous avait pris l'habitude de s'attaquer aux bonnes femmes qui traversaient au petit matin la forêt pour se rendre au marché de Bletterans. Ce devait être certainement l'un de ces sorciers ou suppôts de Satan qui, sous l'influence du diable, quittait son logis pour y commettre ses méfaits.

Il les attaquait, les dévalisait, puis s'enfuyait rapidement sans demander son reste ne prononçant aucune parole. Quand une femme était accompagnée, aucun événement ne se produisait, comme si la protection masculine suffisait à l'empêcher de commettre son forfait.

Un jour, conscient qu'il fallait que cela cesse, le maire du village décida d'organiser une battue avec les hommes du village. Pour surprendre le loup-garou, ils décidèrent de suivre à distance les femmes se rendant au marché. Tout à coup, ils entendirent des cris de frayeur. Se précipitant, ils le capturèrent.
Bien vite, ils s'aperçurent qu'il s'agissait en fait d'un homme des bois, bûcheron ou charbonnier, masqué et recouvert d'une peau de bique.
Il avoua sans difficulté ses méfaits, arguant qu'il avait trouvé ce moyen pour se ravitailler à peu de frais.
On ne connaît pas la suite de cette histoire après qu'il fut remis aux autorités non sans avoir été rossé par la population qui respira de nouveau.

Pernette Gandillon, le loup-garou de Moirans

Nous sommes en 1605. Benoît Bidel demeurant dans un village près de Moirans était monté dans un arbre pour y cueillir des fruits. Âgé de dix-sept ans, il était accompagné de sa jeune sœur restée au pied de l'arbre[49].

---

[49] THURIET, Charles-Emilien, Traditions populaires de la Haute-Saône et du Jura, 1892.

Tout à coup, un loup sans queue sorti du bois assaillit la jeune fille. Plein de courage, le jeune homme sauta de l'arbre. Armé d'un couteau, il se mit à en donner de nombreux coups à la bête. Se retournant vers lui, celle-ci avait assailli le garçon, le désarma et le blessa gravement au cou. Les cris des deux jeunes gens ayant été entendus, des adultes apparurent rapidement obligeant le loup à s'enfuir.

Gravement blessé, Benoît fut conduit chez ses parents. Malheureusement, il était trop tard pour lui. Il décéda quelques jours plus tard de ses blessures. Avant de mourir, il eut le temps de donner une description de la bête en donnant notamment un détail important : les deux pattes de devant avaient la forme de mains humaines.

Une dénommée Pernette Gandillon[50] ayant disparu du village. Pour un grand nombre des villageois, ce n'était pas le fruit du hasard. Elle fut accusée, à tort ou à raison, de ce forfait et recherchée activement.

Retrouvée, elle fut massacrée par la population en colère.

---

[50] Il est assez étonnant que l'on retrouve souvent ce nom de Gandillon, presque comme un nom générique.

Gilles Garnier, l'ermite loup-garou

Dernière histoire de loups-garous datant de la période 1560/1571[51].

Gilles Garnier vivait dans la chapelle Saint-Bonnet, non loin d'Amanges, près de Rochefort-sur-Nenon. Il avait choisi de s'y retirer pour y prier, en ermite. Cette vie isolée lui pesa. Il fut rejoint par une compagne, Apolline, avec qui il eut de nombreux enfants. Dans cet ermitage, la misère régnait.

Durant cette période, un énorme loup jetait la terreur dans les environs. La population mettait en garde les enfants de ne pas s'éloigner des villages, ou tout du moins, d'être accompagnés par des adultes dans leurs déplacements. Hélas, le loup ne semblait pas avoir peur des hommes.

Malgré ces précautions, peu avant la Saint-Michel, une fille d'une douzaine d'années fut enlevée dans une vigne de Chatenoy. On retrouva son corps dans le bois de Serre, dépouillé et dévoré en partie. Ce lieu est proche de l'ermitage de Gilles Garnier.

Un peu avant la Toussaint, on retrouva le corps d'une autre jeune fille étranglée au pré de la Ruppe, près d'Authume. Elle ne fut pas dévorée, car plusieurs personnes ayant entendu les cris intervinrent, mettant en fuite la bête.

Quelques jours plus tard, on retrouva le corps d'un jeune garçon étranglé et dévoré à une lieue de Dole.

---

[51] DEY, Aristide. Histoire de la sorcellerie au Comté de Bourgogne, Vesoul, 1861.

Ces scènes de carnage avaient effrayé les populations, et jeté la désolation au sein des familles. La population en colère accusa la justice de ne pas faire son travail.

Le vendredi d'après la Saint-Barthélemy fut le dernier forfait de l'assassin. Il attaqua un jeune garçon d'une douzaine d'années près du village de Perrouse.

Aux cris de l'enfant, la population accourut et vit un homme en train de traîner le corps vers les bois. C'était Gilles Garnier qui avait oublié ou perdu sa peau de loup.

Après avoir été molesté par la population en furie, il ne dut sa vie qu'à l'intervention de la justice qui se saisit de lui.

Il avoua tous les crimes dont nous venons de parler, indiquant que sa compagne partageait le même festin. On lui reprocha comme si les autres faits n'étaient pas suffisants, le fait d'avoir voulu manger gras un jour défendu :

« *Il eust mangé de la chair du dict garçon sans le dict secours, nonobstant qu'il fust jour de vendredi.* »

Par arrêt du parlement de Dole, datant du 18 janvier 1573, il fut condamné à être traîné à revers sur une claie, depuis la Conciergerie sur le tertre de Dole, d'y être brûlé vif et son corps réduit en cendres, celles-ci devant être jetées au vent.

Le récit de cette affaire fut publié par Daniel d'AUGE[52] à Sens en 1574.

---

[52] AUGE, Daniel, Jean d', Arrest mémorable de la cour de parlement de Dole, enrichi d'aucuns points recueillis de divers autheurs, pour esclaircir la matière de cette transformation, édition Jean Savine, 1574, Bibliothèque Nationale.

Dans une lettre adressée au doyen de l'église de Sens, l'éditeur raconta que « *Garnier, errant par les bois et les déserts, fit la rencontre d'un fantôme en figure d'homme qui lui promit monts et merveilles, et, entre autres choses, de lui enseigner à bon compte la façon de devenir quand il voudrait lion, loup ou léopard à son choix ; et pour ce que le loup est une bête plus mondanisée, il aima mieux être déguisé en icelle comme de fait il fut, au moyen d'un onguent dont il se frottait à cette fin, ainsi du reste qu'il l'a confessé avant de mourir pour la reconnaissance de ses péchés.* »

Les trois sorciers loups garous de Poligny

Trois sorciers de Poligny ont défrayé la chronique en 1521.

Michel Udon, de Plasne, petit village près de Poligny, Philibert Montot et un dénommé Grospierre qui avait reconnu sa faute furent condamnés à mort et exécutés pour s'être transformés en loups-garous, avouant avoir mangé la chair de plusieurs personnes.

Si on ne connaît pas le détail des deux derniers, on en sait un peu plus sur le premier.

Michel Udon fut découvert un peu par hasard après avoir été blessé par un chasseur.

Alors que celui-ci suivait la trace du loup blessé, il arriva devant la cabane qu'Udon partageait avec sa femme. Celle-ci était en train de panser la blessure de celui qui, entretemps, était redevenu un homme.

Dans l'église des Dominicains de Poligny, on peut apercevoir un tableau représentant cet épisode, ces trois loups-garous armés bizarrement chacun d'un couteau.

D'autres histoires de loups-garous

Toujours en 1521, Pierre Burgot et Michel Verdung étaient brûlés vifs à Besançon pour la même raison.

Verdung avait conduit Burgot à un sabbat près de Château-Chalon. Selon leurs dires, ils en revinrent transformés, « *s'étant oints, furent tournés en loups, courant d'une légèreté incroyable.* »

Ils avouèrent avoir mangé quatre enfants et tenté d'en dévorer deux autres. Ils dirent aussi qu'il leur était facile de « *souvent rechangés en loups.* »

En 1571, près de Rochefort-sur-Nenon, des enfants furent étranglés et mangés par des hommes déguisés en loups[53].

En 1597, Prost, Guillaume et Paget, habitants d'Orsières, près de Longchaumois, avouèrent s'être mis en loups pour tuer et manger plusieurs enfants, dont une jeune fille cueillant des fraises.

En 1605, les habitants de Nezan, près de Moirans, massacrèrent une femme soupçonnée de s'être déguisée en loup pour blesser mortellement un homme.

---

[53] BERTHERAND, E.L., quelques mots sur la sorcellerie dans le Jura, Bulletin de la Société d'agriculture, sciences et arts de Poligny (Jura), 1864.

Rolande Duvernois, possédée ou sorcière

Dans son ouvrage, Henry Boguet[54] nous conte l'histoire de Rolande Duvernois (ou du Vernois).

En 1599, Rolande Duvernois, trente-cinq ans, du hameau de la Croya au village de Villard-Saint-Sauveur, fut accusée de sorcellerie par deux de ses complices.

Confrontée à ses accusateurs, elle nia le crime reproché avec d'exécrables imprécations. Devant ces agissements, le juge la fit enfermer dans une prison étroite et humide. Dès le lendemain, transie de froid, elle supplia qu'on la laissât sortir en promettant de dire toute la vérité, pleine et entière. On accéda sa demande.

Rolande, la possédée

Alors qu'elle se réchauffait, elle raconta avoir assisté à un sabbat six mois auparavant. Quand on lui demanda de raconter ce qu'elle avait vu, elle devint muette et se mit à trembler. Par gestes, elle fit comprendre qu'elle était possédée par un esprit, que celui-ci l'empêchait de s'exprimer. Elle fit comprendre qu'elle le sentait dans son estomac, comme une boule.

Tout à coup, se roulant à terre, elle se mit à japper en jetant autour d'elle des regards épouvantés. Pour le juge, la cause était entendue : cette femme était possédée.

---

[54] BOGUET, Henry, Discours..., opus cité.

Retrouvant son calme, elle raconta par le menu ce qui s'était déroulé lors du sabbat. Elle dit y avoir vu le diable sous la forme d'un chat noir dont elle avait baisé le derrière. Puis, elle se serait donnée à lui.

Devant ces aveux, l'esprit diabolique réagit et recommença à la tourmenter. Elle se mit de nouveau à japper et à se rouler à terre. Le juge décida en savoir suffisamment et la fit remettre en prison.

Le lendemain, il recommença son interrogatoire. Elle confirma ses dires. On appela un prêtre pour l'exorciser. Celui-ci lui donna la Sainte-Vierge comme avocate, lui mit l'étole autour du cou et commença ses prières d'exorcisme.

L'exorciste demanda au diable son nom. Il refusa d'abord, puis répondit qu'il s'appelait *Chat*. À d'autres questions, il répondit qu'en fait, ils étaient deux. Ils avaient été envoyés dans le corps de la Rolande par un dénommé Gros-Jacques au moyen d'une pomme. Ils refusèrent de sortir de ce corps, car le temps n'était pas venu de le faire.

Un véritable combat s'engagea entre l'exorciste et les diables, avec au centre, la pauvre Rolande qui se tortillait, bavait, grimaçait...

Aux prières du prêtre répondaient des insultes, des blasphèmes émis par la bouche de la possédée.

Quand on voulut lui faire embrasser la croix, elle résista avec une force incroyable. Quand on l'aspergea avec de l'eau bénite, elle eut de terribles convulsions. Il fallut la force de plusieurs hommes pour l'obliger à en boire quelques gouttes.

On entendit alors le démon crier :

« *Tu me brûles, tu me brûles, c'est prou.* »

Il est vrai que le diable était capable de parler plusieurs langues : grec, latin, mais aussi les patois des pays raversés.

La nuit étant venue, on l'enferma de nouveau.

Le lendemain matin, Rolande déclara qu'un des démons était parti durant la nuit. Il était sorti de sa bouche sous forme de limace noire. Elle avait subitement disparu après avoir effectué deux ou trois tours sur le sol.

On décida de continuer le traitement pour faire sortir le second démon. Ce fut plus difficile.

Se rapportant au *Malleus maleficorrum* et au *Flagellum doemonum, exorcismos, terribiles*, les deux ouvrages principaux des exorcistes, le cura alluma un feu, y jeta du souffre et le nom du démon inscrit sur un billet. À ce moment-là, le démon hurlant de douleur sortit par la bouche de la Rolande, avec un cri qui fit se dresser les cheveux sur la tête de toutes les personnes présentes.

On la remit en prison.

Le lendemain matin, elle déclara que le démon était sorti comme le premier.

Le juge décida alors de la poursuivre comme sorcière.

Rolande, la sorcière

Interrogée de nouveau, elle déclara être allée au sabbat trois semaines avant son arrestation, et non six mois comme indiquées la première fois. Elle avoua aussi avoir utilisé ses nouveaux pouvoirs pour faire tomber de la grêle du côté des Moussières, près des Bouchoux.

Quelques jours plus tard, elle revint partiellement sur ses aveux, avouant être déjà possédée en allant au sabbat.

Devant ces différentes versions, le juge ordonna qu'elle soit soumise à la Question. En réponse, Rolande se pourvut en appel devant le Parlement de Dole.

Ses motifs étaient simples :

« Elle était possédée au moment d'aller au sabbat, donc elle n'avait plus son libre arbitre,

« Que l'aveu ne peut faire foi puisqu'en fait, c'était le démon qui parlait par sa bouche, et qu'ainsi elle ne pouvait contrôler ce qu'elle disait. »

Le tribunal de Dole écarta le recours à la Question.

« L'expérience, selon le tribunal, *a prouvé qu'un grand nombre de sorciers deviennent insensibles à la douleur, à ce point qu'on les briserait plutôt en morceaux que d'obtenir d'eux la vérité, et qu'ils échappent ainsi à un juste châtiment. »*

Il préféra juger sur les causes. C'est ainsi qu'il rendit son jugement aux motifs suivants :

« Attendu qu'il est certain que l'accusée a été possédée (on disait aussi inspiritée) des démons, il y a incertitude sur la question de savoir si elle l'était déjà au moment de la perpétration du crime,

« Attendu que les démons n'ont pas sur les possédés un pouvoir absolu, mais un pouvoir limité, et qu'en l'état de possession ils ne sont point inhabile à bien mériter de Dieu, ni à se rendre coupables envers lui,

« Attendu que, s'il est des possédés constamment obsédés par le démon, d'autres, au contraire, ont des moments de calme et de lucidité,

« Attendu que, pendant l'obsession, les démons se servent du corps qu'ils habitent comme d'un instrument, et qu'en cet état les actes appartiennent au démon, non au possédé,

« Attendu que, dans les instants lucides, les démons étant tout au plus tentateurs, les possédés disposent de leur liberté et doivent répondre de leurs actes,

« Attendu que, d'après ces principes, il faut rechercher dans les circonstances de la cause à qui, du possédé ou du démon, le crime doit juridiquement être attribué. »

Pour le tribunal d'appel, il n'est pas douteux que le fait de s'être donnée au démon, d'avoir renoncé à la foi chrétienne et aux sacrements ne puisse appartenir qu'à l'accusée,

« Parce qu'elle a reconnu avoir joui de nombreux intervalles de repos et de lucidité depuis qu'elle est possédée du démon,

« Parce qu'elle avait la plénitude de sa raison et de son jugement lorsque le démon lui est apparu pour la première fois et qu'elle s'est donnée à lui,

« Parce que le diable, habile et astucieux au dernier point, n'eût point traité avec cette femme si elle avait perdu la faculté de s'engager,

« Enfin parce que l'accusée a reconnu n'être possédée que depuis six mois, et qu'il est prouvé par les témoins que depuis un an et deux ans, elle a assisté aux assemblées nocturnes des sorciers. »

En conséquence, la cour avait condamné Rolande Duvernois à être brûlée, par un arrêt du 1er septembre 1600. Elle fut exécutée le 7 du même mois.

Un sorcier peut-il nuire à un autre sorcier ?

En parallèle au déroulement de cette histoire, une question se posa au juge concernant le cas du Gros Jacques, sorcier, qui avait envoyé deux démons dans le corps de Rolande, laquelle, son histoire le confirme, était sorcière.

Il semblait donc que, comme pour les Anges, il y avait une hiérarchie entre les démons, un ordre que certains avaient dénommé *Cacarchie*.[55] Il y avait des démons plus puissants que d'autres comme cela apparaît dans les Écritures. Par exemple, Belzebuth est surnommé le Prince des Démons.

C'est pour cela, disait le juge, nos exorcistes faisaient commandement à Lucifer et aux grands démons, pour faire sortir du corps des démons inférieurs. Il était donc aisé de penser qu'un sorcier, en charge d'un démon plus puissant, n'hésitait pas à nuire à un autre sorcier s'il y trouvait avantage.

Parfois même, il apparaissait nécessaire à un sorcier de faire mourir une ou un de ses congénères pour reprendre le pouvoir. Cela avait été le cas de cette vieille sorcière qui fit mourir une jeune sorcière pour guérir un évêque que la jeune sorcière avait envoûté. Ce fut le cas aussi de ce sorcier désirant de jouir des faveurs d'une jeune fille au détriment d'un autre sorcier.

---

[55] WIERUS, Johannes, *De praestigiis daemonum*, 1568. Selon cet auteur, il y aurait 7 451 926 diables répartis en 1 111 légions dirigés par 72 princes infernaux. Le gouvernement infernal serait semblable à la monarchie de notre monde.

La liste est longue … Il n'était pas bon d'être en concurrence au pays des sorciers…

Relations charnelles avec le diable

Toujours au pays des sorciers, Henry Boguet nous cite le cas de Guillemette Jobart (ou Joubart) de Quintigny. Elle fut accusée en 1607 d'avoir participé à un sabbat et pour cela, fut brûlée vive à Dole pour crime de sorcellerie.

La principale raison de son exécution fut sa confession d'avoir connu charnellement le démon lorsque celui-ci le lui demanda.

La première fois, raconta-t-elle, elle portait un chapelet qui, comme chacun le sait, est une arme pour se défendre contre cet ennemi fatal. À deux reprises, elle accepta la demande du démon de s'en débarrasser en le jetant dans une auge de pourceaux. Quand on l'arrêta, son chapelet ne portait plus de croix, ce qui était naturellement une des preuves de sa sorcellerie.

Le diable s'était présenté à plusieurs reprises à elle, et ils eurent des relations charnelles. On lui demanda si elle n'avait pas peur de devenir enceinte de ses œuvres, elle répondit que Dieu ne l'aurait pas permis. Elle raconta, comme d'autres l'ont fait, que sa semence était froide comme la glace, ce que les Inquisiteurs ont toujours considéré comme une infirmité.

En échange, le démon lui avait transmis plusieurs diableries pour soigner ou tuer les animaux.

Elle raconta avoir été requise par le sieur Symon Déprel, écuyer de son état, pour guérir son bétail. Elle donna son accord sous la condition de demeurer seule dans l'étable.

Au bout d'une heure, elle fouilla sous une pierre couverte de fumier et trouva une pièce de chair humaine de la longueur d'une main qu'elle fit brûler.

Elle commanda que l'on enterre dans cette étable, près de la porte, le premier cheval mort tout *embourrelé* et bridé. Ce qui fut fait.

Cette pratique fut jugée par les Jurisconsultes comme une idolâtrie ce qui fit poindre l'hérésie...

Ne se contentant pas de faire mourir le bétail, on l'accusa de plusieurs autres délits notamment d'avoir fait mourir le dénommé Symon Déprel en affirmant être son héritière.

On l'accusa aussi de bien connaître les bagues de sortilège de N. qu'elle avait accusé de la mort du bétail de Déprel. L'implication du dénommé N. n'ayant pas été retenue, c'est sous cette identité qu'il apparaît dans les écrits d'Henry Boguet.

S'agit-il d'un seigneur, d'un parlementaire... ?

Guillaume Vuillermoz, sorcier, dit le Baillu

Voici l'histoire d'un homme demeurant au village de Coyrières, près des Bouchoux, emprisonné depuis quatre mois. Il avait subi la Question, niant avoir assisté au sabbat, accompagné de son fils âgé de douze ans.

Ce procès était typique de la manière dont on traitait ces cas à la fin du 16e siècle et des questions que se posaient les juges sur ces différents aspects.

L'histoire était volontairement racontée en trois parties, par Henry Boguet[56]. Pour la bonne compréhension du contenu, je l'ai réécrit en français de notre époque.

La première partie concerne la confrontation entre le père et son fils, dont le résultat provoqua la mort du père en prison.

La seconde concerne les interrogations de l'auteur qui serviront de fondements à la rédaction du futur *Code de référence sur les jugements de sorcellerie* qu'il rédigera ultérieurement. Cet ouvrage servira de base aux jugements dans l'Europe entière. Dans le cas cité, la question posée était de savoir à quel endroit devait être enterré le corps d'un présumé sorcier décédé en prison, avant son jugement.

La troisième partie traite du régime à appliquer à son fils alors âgé de douze ans, qui fut accusé par son père d'avoir participé à un sabbat.

---

[56] BOGUET, Henry, Discours…, opus cité.

Confrontation entre le père et le fils

Les questions se posant à Henry Boguet sont basées sur les constats de la confrontation entre le Baillu avec son fils Pierre.

« Le fils, sans n'être aucunement ému du malheur de son père, maintint qu'il avait été mené au sabbat par lui,

« Le témoignage du père contre le fils, et du fils contre le père doit être reçu au crime de sorcellerie, à plus forte raison celui des parents entre eux,

« Le père fait ordinairement le fils sorcier, la mère la fille, le frère la sœur... »

« En conséquence, au crime de lèse-majesté humaine, le fils est reçu à témoigner contre le père, et le père contre le fils. »

Le Baillu avait été emprisonné sur l'accusation du Gros Jacques, de Françoise Secrétain et de Rolande Duvernois, personnages cités dans cet ouvrage, ainsi que par son fils pour l'avoir emmené à l'assemblée des sorciers sans rien confesser.

Voici les raisons fondant l'inculpation.

« L'accusation de cinq de ses complices,

« Le bruit commun qu'ils (père et fils) étaient sorciers, ce qui fut vérifié par vingt-trois témoins

« Que Clauda Gindre, la mère, était suspecte selon les mêmes témoins, ce qu'elle ne niait pas, non plus qu'un de ses frères depuis ait soutenu la torture à Dole,

« Qu'on ne l'avait jamais vu jeter une seule larme, quelque effort qu'il eut fait de pleurer devant le juge,

« Que lui-même s'était offert d'être inspecté sur le corps pour voir s'il avait quelques marques,

« Que les imprécations exécrables qui lui étaient ordinaires dans ses réponses,

« Ses confrontations avec Pierre Vuillermoz, son fils, notés par écrit. »

Comme le Baillu se montra entêté dans ses réponses et les confrontations avec ses accusateurs, le juge se résolut de le confronter avec son fils Pierre âgé de seulement douze ans.

« Le fils ayant changé d'avis en prison, on le confronta à son père à qui l'on demanda s'il le connaissait. Le Baillu répondit que non.

« On fit avancer le fils en lui demandant de poser la question à son père. Celui-ci répondit toujours négativement en lui disant toutefois qu'il avait changé d'habits.

« On lui fit retirer ses vêtements. Le père fit encore des difficultés à le reconnaître.

« On lui demanda s'il y avait longtemps qu'il n'avait vu son fils. Le Baillu répondit qu'il n'y avait que quatre mois, et qu'il le vit la dernière fois le jour où il fut fait prisonnier.

« On fit de nouveau parler le fils. Après un moment de réflexion, le Baillu le reconnut.

« L'on demanda au fils si son père l'avait mené au sabbat, le fils confirma. »

Sur ces entrefaites, le père entra en colère, commençant à crier et à user des propos tels :

« *Ah, mon enfant, tu nous perds tous deux.* »

À ce moment-là, il se jeta à terre si rudement que l'on jugea qu'il s'était tué. Toutefois, revenant à lui, il dit qu'il n'avait jamais été au sabbat, et encore moins y avoir conduit son fils.

Cependant, ses réponses étaient toutes entremêlées avec des imprécations exécrables. Parfois, il feignait de se déchirer les lèvres et le visage avec les ongles.

Le fils persista dans ses premiers propos. Sans s'émouvoir, il rapporta de quelle façon et en quel lieu il avait été mené au sabbat par son père.

Plus tard, on sollicita le fils séparément pour savoir si on ne lui avait pas fait dire ce qu'il avait maintenu face à son père... On lui fit entendre que cela pourrait être la cause de sa condamnation au bûcher de son père ; on le menaça aussi de le bailler (battre avec) des verges. Malgré ces menaces, il demeura ferme et constant dans ses dires.

Quelques jours plus tard, on le confronta de nouveau avec son père. Il maintint ces dires d'avoir été mené deux fois au sabbat. Le père nia, avec ses imprécations accoutumées. Le fils ajouta qu'étant au sabbat, son père l'avait sollicité pour se donner au diable, ce qu'il n'avait pas voulu faire.

C'était une chose étrange et pitoyable d'assister à ces confrontations, d'autant que le père était emprisonné. Il portait des fers aux mains et aux pieds, se lamentant, criant, se précipitant contre terre. Quand il revint à lui, il dit à son fils quelques paroles aimables qu'il ferait ce qu'il voudrait, mais qu'il le tiendrait toujours comme son fils.

Le fils resta insensible, si bien qu'il semblait que la nature ait fourni des armes elle-même pour faire mourir d'une mort ignominieuse celui qui lui avait donné la vie.

Henry Boguet ajouta ces commentaires :

« *Mais certes, j'estimais qu'en cela il y eut un juste et secret jugement de Dieu, qui n'a point voulu permettre qu'un crime si détestable, comme celui de sorcellerie, demeurât caché. Aussi, était-il bien raisonnable que le fils ne fût point touché à cet endroit des aiguillons de la nature, puisque son père s'était directement élevé contre le Dieu de nature.*

« *D'où je veux insérer qu'au crime de sorcellerie, le témoignage du fils doit être reçu contre le père, et celui du père contre le fils, et qu'à plus forte raison les parents peuvent déposer les uns contre les autres au même crime, bien que dans d'autres cas, leurs témoignages soient réprouvés en droit.*

« *J'ajouterais une autre raison, c'est que le père sorcier fait son fils sorcier, la mère la fille, le frère la sœur, la tante la nièce ou le neveu, et qu'avec ce que plus, ils exercent toujours leurs méchancetés et abominations de nuit et en secret, de telle façon que nul n'en peut en disposer qu'eux. Est-ce pour cela nécessaire que l'on donne lieu en ce cas au droit écrit, qui admet la déposition de ceux qui autrement reprochables, lorsque le délit est commis de nuit ?*

« Mais davantage si au crime de lèse-majesté humaine, le fils est reçu à témoigner contre le père, et le père contre le fils, pourquoi pas en celui de lèse-majesté divine et humaine, au premier degré ? Dieu commanda bien autrefois aux Lévites de prendre les armes, et de tuer chacun son frère et son prochain, parce qu'ils avaient adoré le veau d'or. Bref, si l'on ne faisait pas ainsi, ce crime demeurerait le plus souvent impuni, ce qui serait l'un des plus grands malheurs qui pourraient arriver au monde, puisque Dieu nous commande si expressément de faire mourir les sorciers. »

Doit-on inhumer en terre sainte un homme accusé de sorcellerie, mort en prison ?

Dans la continuité de cette histoire, le prévenu mourut en prison avant son procès de sorcellerie. Henri Boguet s'est alors posé la question de savoir s'il était normal que son corps soit enterré selon les traditions chrétiennes.

Continuons à l'accompagner dans sa rhétorique avec les différents cas possibles et argumentations.

« La négative,

« L'affirmative,

« Le déféré est tenu pour convaincu dès lors seulement que la condamnation s'en est enfuie et qu'elle a été agréée,

« Celui qui a été condamné pour un crime important infâme, n'est point tenu pour infâme pendant son appel

« Ce qui a encore lieu quand le déféré aurait été condamné sur sa confession propre,

« La sépulture doit être déniée à celui qui se tue en prison, et comment il doit être traité,
« L'exemple remarquable des Vierges Milésiennes. »

Voici l'objet de ses réflexions.

« Au reste, comme le Baillu mourut en prison, on fut empêché (questionné) pour le regard de sa sépulture, d'autant qu'il semblait qu'il ne devait pas être inhumé en terre sainte (cimetière), attendu qu'il apparaissait avec le crime dont il était chargé.

« Mais néanmoins, l'opinion contraire fut suivie comme plus douce et plus équitable, aussi, elle est conforme au droit écrit qui veut qu'un accusé soit tenu convaincu dès lors seulement que sa condamnation s'en est suivie, et ait été agréée.

« Ce qui est si véritable, c'est quand il y a appel d'un jugement subalterne, l'accusé n'est point tenu pour convaincu durant le temps de son appel. D'où vient que si quelqu'un a été condamné pour larcin, ou bien pour quelque autre crime qui porte infamie, et qu'il émette appel de la sentence, celui-là n'est pas réputé infâme, jusqu'à ce que son appel soit vidé et la sentence confirmée. Et en semblable cas, la loi déclare valable le testament fait par celui qui a émis appel de la sentence rendue contre lui qui fait d'un crime capital, s'il meurt le temps de son appel.

« Je passe plus avant, et dis que cette proposition doit avoir lieu, non seulement pour celui qui est convaincu par témoins, mais encore par la confession propre, moyennant qu'il soit repentant, suivant la disposition du droit canon.

Car s'il eut vécu, il eut pu montrer que sa confession était erronée. Or, la loi veut que le crime demeure éteint par la mort de celui qui a « délinqué » (fauté).

« Ce serait autre chose si l'accusé se donnait la mort en prison volontairement de manière délibérée. Parce qu'alors la sépulture doit lui être entièrement déniée (refusée). Car même comme il se pratique en ce pays, que celui qui s'est ainsi tué soit traîné sur une claie le long de la ville, et puis soit mené jusqu'au lieu du supplice, où il est brûlé, ou pendu selon la gravité de son forfait. Il s'est passé ainsi à l'endroit d'un maître d'école qui s'était pendu en prison. Par arrêt de la Cour, il fut traîné tout mort sur une claie par la ville, jusque sur le tertre, et puis attaché et pendu au gibet.

« Cela arriva en différents endroits, bien que quelques-uns tiennent que cela est contre le droit, attendu qu'il n'est pas permis, comme ils disent, de « feuir » (d'user de cruauté) à l'encontre d'un corps mort. Mais, j'estime que notre pratique est soutenable, parce qu'il s'est vu par l'expérience, que la crainte de plusieurs d'avoir ce déshonneur, les ai retiré (empêché) de mal faire.

« De quoi, nous avons vu un exemple fort notable en Plutarque des Vierges Milésiennes, lesquelles on ne peut jamais empêcher de s'étrangler, jusqu'à que l'on publia par édit, que celles qui se pendraient ainsi, seraient dépouillées toutes nues après leur mort au vu de tous. Mais il est en outre impossible que cela n'apporte une terreur à ceux qui sont en volonté de faire de même. Et à ce propos Cicéron dit dans ses Philippiques qu'il arrive souvent que les hommes ne craignent point tant la mort, que cela. »

Comment traiter les enfants de sorciers ?

Plusieurs questions complémentaires se sont posées à Henry Boguet pour dégager une philosophie du traitement à apporter aux enfants de sorciers.

Comment apporter une réponse au cas du fils du Baillu, accusateur de son père de l'avoir emmené au sabbat ? Était-il coupable de sorcellerie alors qu'il était très jeune ? Comment en dégager des règles pour traiter les cas de ces jeunes enfants entraînés par leurs parents ou leur famille ?

Voici comment il perçoit les événements.

« *De Pierre Vuillermoz et de Christofle du village d'Aranthon, comment ils furent traités doucement pour leurs bas âges, et pour quelques autres considérations.*

« *Pierre Vuillermoz (le fils du Baillu) est renvoyé avec ordonnance au Procureur de tenir la main à ce qu'il fut catéchisé et instruit, et les raisons de le faire,*

« *Le village de l'Aranthon est banni (et les habitants) condamnés d'assister au supplice de quelques sorciers, et pourquoi il est ainsi traité doucement,*

« *Les sorciers fort difficilement changent de vie,*

« *Le bas âge n'excuse pas la personne des crimes atroces, si ce n'est pour diminuer la peine*

« *Considérations pour lesquelles un sorcier doit être traité plus doucement,*

« *Le diable incite les sorciers à se venger dès que vous les relâchez,*

« Il ne faut point faire preuve de médiocrité en ce qui est du supplice des sorciers, et restrictions à appliquer,

« Les enfants sorciers quelques jeunes ils soient, ne délaissent pas de faire mal. »

« Je viens à Pierre Vuillermoz, fils du Baillu, et à Christofle du village d'Aranthon, lequel (Christofle Arenthon) se nomme ainsi parce qu'elle n'a jamais su dire comment s'appelaient ses pères et mères, sauf que sa mère se nommait Jeanne à ce qu'elle disait.

« Or, ils furent faits tous deux prisonniers sur l'accusation de Groz Iaques (Gros Jacques), et sur ce qu'elle faisait courir le bruit qu'elle avait été conduite au sabbat sous le village de Coirieres par Groz Iaques, et Françoise Secrétain.

« Et quant à Pierre Vuillermoz, il fut pris sur l'accusation de l'Aranthon, et sur ce qu'il disait de même partout que son père l'avait emmené deux fois au sabbat. Ce dernier était âgé de douze ans, Christofle de quatorze ans. Mais il y avait deux ans que l'un et l'autre n'avaient pas été au sabbat.

« Pierre Vuillermoz ne s'était jamais « baillé » (donné) au diable, et il n'apparut point qu'il n'eut commis aucun acte de sorcellerie. Son père avait tenté de le bailler à Satan, mais il n'avait pas voulu le faire. Il eut une telle peur de voir le Mauvais qu'il eut en horreur de parler de lui et que pour cela, il ne voulut plus y retourner en cette condamnable assemblée.

« Quant à Christofle dit l'Aranthon, elle reconnut qu'elle s'était donnée au diable, et qu'elle avait fait mourir une vache à Coyrieres, à la sollicitation de Groz Iaques et de la Grosse Françoise, qui lui auraient baillé certaine graisse, de laquelle elle frotta la vache sur l'arrière.

« L'Aranthon se confessa librement, mais Pierre Vuillermoz demeura trois jours sans que l'on ne puisse rien tirer de lui.

« Toutefois, après ses confessions, il fut enfin relâché avec ordonnance du Procureur de tenir la main envers ses plus proches parents, à ce qu'il fut catéchisé et instruit en notre sainte Foi Catholique, apostolique et romaine, et de faire preuve de devoir dans les trois mois à venir.

« Ce garçon fut traité doucement parce qu'il semblait innocent. Car s'il avait été au sabbat, cela ne le rendait pas pour autant coupable, à raison, qu'il ne savait pas où il allait lorsqu'il y fut mené. De plus, il fut conduit par son père, auquel il n'osait pas désobéir. Mais ce qui montre d'autant plus son innocence, c'est qu'étant sollicité par son père pour se lier au dable, il n'en voulut rien faire, et voire même, il ne voulut plus retourner au sabbat.

« L'Aranthon fut bannie de la terre de S. Ouyan[57] et il lui fut enjoint d'assister à l'exécution de Groz Iaques, de Clauda Janguillaume, de Clauda Gaillard et de Thievenne Paget, afin qu'elle fut « déterrée » (détournée) de continuer au service de Satan. C'était pour elle l'occasion de changer de vie, par la gravité du supplice, où elle verrait souffrir les susnommés.

---

[57] Mauvaise orthographe de Saint-Oyend, aujourd'hui Saint-Claude.

« On lui donna trois semaines pour vider (quitter) la terre, et il fut ordonné au Procureur de la faire cependant instruire et catéchiser.

« Je ne doute pas que quelques juges plus sévères ne l'eurent condamné à mort. Car, outre la confession d'avoir été au sabbat, et de s'être baillée au diable, il apparaissait encore qu'elle avait fait mourir une vache par maléfice, si bien que méritant à cette occasion d'être mis au nombre des sorciers, il n'y allait que de la mort pour elle.

« J'ajouterais une autre raison bien prégnante, à savoir que lorsque l'on est pris une fois dans les griffes du diable, on ne peut s'en retirer. Cela se vérifie, car l'on n'a jamais remarqué qu'un sorcier n'ait changé de vie, imitant en cela les bêtes brutes dont parle Horace. Lesquelles avaient l'entrée libre dans la caverne du lion, mais que pour en ressortir, il ne fallait point en parler. Ce qui engagea le renard à se tenir au loin, quelques semonces qu'on ne lui ait faites d'aller visiter le lion.

« Que si ceux que Satan s'efforce d'attirer journellement à sa cordelle suivaient l'exemple de ce dernier animal, ce serait encore quelque chose, mais ils sont frappés d'un tel aveuglement qu'ils ne se connaissent pas. D'où l'on peut conclure que ce n'est que perdre du temps de faire quelques grâces aux sorciers, et d'autant plus, qu'on leur donne par ce moyen occasion de commettre dix mille méchancetés qui n'adviendraient pas si l'on faisait justice.

« Et bien que l'Aranthon fut en bas âge, cela toutefois ne l'excusait en rien, et que pour ces crimes graves et atroces, on ne s'arrête pas beaucoup à l'âge, si ce n'est pour en diminuer la peine. D'où vient que l'on a vu exécuter à mort des enfants qui n'avaient que quinze ans, suivant les lois qui sont formelles à cet effet.

« Néanmoins, l'on trouva meilleur de procéder à un bannissement contre cette fille pour plusieurs raisons, mais principalement parce qu'elle avait prévenu la justice de sorte que Groz Iaques et la Grosse Françoise furent faits prisonniers. Elle fit tout aussi pour faire courir le bruit qu'elle avait été menée au sabbat par eux. D'ailleurs, elle se confessa librement et immédiatement entre les mains de la justice et accusa ses complices, demandant à être instruite en notre sainte Foi, qui sont des circonstances pour lesquelles la peine du sorcier doit être diminuée, même s'il est en bas âge, comme l'était Christofle l'Aranthon qui n'avait pas atteint la puberté lorsqu'elle était allée au sabbat. Le droit même excuse celui qui n'est pas en âge de puberté, si ce n'est qu'il soit capable de « dol » (doute), à quoi est conforme à ce que dit un Poète (Lucan) : « Mais nous luy pardonnons à cause de son âge. »

« Or les promptes confessions et la simplicité dont fait preuve cette fille dans ses réponses montraient qu'il n'y avait pas de malice en elle.

« On eut pu la condamner au fouet, mais on considérait que cela l'irriterait plutôt que de l'induire à s'amender.

« *Car, comme les sorciers ne se retirent point pour l'ordinaire du service de Satan, pour quelque peine qu'on leur donne, si ce n'est la mort, il est certain que ce capital ennemi du genre humain les incite, dès qu'ils sont relâchés, à se venger et à faire pis qu'auparavant. De quoi, nous avons beaucoup d'exemples, mais je prendrais seulement celui de Jeanne Haruillier. Celle-ci étant encore fort jeune, eut le fouet à Verbery, pour crime de sorcellerie, elle ne s'en désista pas pourtant. Elle continua toujours jusqu'à ce que, trente ans plus tard, elle fut brûlée vive à Ribemond.*

« *Il ne faut pas s'étonner si les sorciers ne se corrigent point par le fouet, vu que le diable les travaille aussi en cet endroit, en battant certains d'entre eux à mort, et toutefois ils ne peuvent l'abandonner. Selon ce que nous lisons dans Spranger, qui nous rapporte qu'il a condamné plusieurs sorcières qui étaient extrêmement battues par le diable si elles ne faisaient point ses commandements, et qu'autrement, elles n'auraient point de repos.*

« *Et Antide Colas a confessé que le Diable le sollicitait de se précipiter par une fenêtre, ou bien de s'y pendre, et parce qu'elle ne voulait pas le faire, il la travailla fortement sur son corps.*

« *Ainsi donc, il semble qu'il ne faut point faire preuve de médiocrité lorsqu'il s'agit de punir les sorciers, ainsi qu'il faut, ou les traiter doucement, ou bien les faire mourir, conformément au conseil qu'un vieux capitaine des Samnites donnait dans Tite Live à des soldats contre des Romains en un autre temps.*

« Et quant à moi, je serais toujours d'avis que sur le moindre fondement, on les fasse mourir, quand il n'y aurait d'autre raison que celle que j'ai touchée plusieurs fois, c'est-à-dire qu'ils ne changeraient pas de vie.

« Mais ce que m'induit encore plus de tenir avec d'autant d'assurance cette opinion, c'est que les enfants sorciers, si jeunes qu'ils soient, n'arrêtent pas de faire le mal. Nous avons un exemple remarquable d'une jeune fille, âgée de huit ans, au diocèse de Trésues, laquelle se trouva à certain jour en un jardin avec son père, où elle plantait des choux d'une si grande dextérité pour son âge, que son père ne put se tenir de la s'en louer. Mais elle répondit à cet instant qu'elle savait faire bien d'autres choses. Sur ce, son père lui demanda de qu'elle savait faire, elle lui dit qu'il devait s'éloigner, et qu'elle ferait pleuvoir à un endroit du jardin qu'il lui plairait. S'étant éloignée de sa fille, elle fit un creux en terre dans lequel elle urina, et battit l'eau à l'aide d'un petit bâton en murmurant je ne sais quoi. À l'instant, il tomba une forte pluie au lieu que le père lui avait désigné. La fille rapporta qu'elle avait appris ce métier de sa mère, laquelle sera dénoncée par le père à la justice, et brûlée.

« Néanmoins, il se peut faire qu'il y ait telle occasion d'excuse, que l'on aurait tort de passer à condamnation à mort contre de tels gens, ce qui demeure à l'arbitrage du Juge. »

Françoise Secrétain, la sorcière

La possession de Loyse Maillat, huit ans

Le 15 juin de l'an 1598, Loyle (Louise), fille de Claude Maillat et d'Humberte du Perchy de Coyrieres, village dépendant de Saint-Oyan de Joux (Saint-Claude), âgée de huit ans, fut rendue impotente de sorte qu'elle fut contrainte de marcher à quatre pattes, se tordant la bouche de façon étrange[58].

Ce mal dura jusqu'au 19 juillet, ses père et mère la firent exorciser en l'église de Saint-Sauveur.

Ses parents, jugeant qu'elle était possédée, la firent exorciser. On découvrit en elle la présence de cinq démons ayant pour noms Loup, Chat, Chien, Joly et Griffon.

Quand le prêtre demanda qui était celui ou celle qui lui avait baillé (montré) le mal, elle répondit que c'était Françoise Secrétain qu'elle montra du doigt puisqu'elle était présente. Cependant, les démons ne sortirent point.

La jeune fille fut ramenée chez ses parents auxquels on sollicita de prier Dieu pour elle, leur disant que s'ils se mettaient en dévotion, elle serait bientôt délivrée.

La nuit approchait, les parents firent leurs dévotions. Loyle leur dit aussitôt que deux des démons étaient morts, et que s'ils continuaient à prier, il en serait de même de ceux qui restaient. Les parents, qui affectionnaient leur enfant, poursuivirent leurs prières toute la nuit, avec une ardeur indicible.

---

[58] BOGUET, Henry, Discours..., opus cité.

Le lendemain matin, Loyle se trouva plus mal que de coutume. Un hoquet incessant la prit. Penchée face contre terre, elle vit les démons sortirent par la bouche en forme de pelotes, grosses comme le poing, rouge comme le feu à l'exception du chat resté noir.

Les deux que la fille avait jugé morts la veille sortirent en dernier, avec moins de violence que les trois autres. Tous ces démons firent trois ou quatre « voltes » (sauts) autour du feu, puis disparurent.

Dès lors, Loyle commença à mieux se porter.

Françoise Secrétain était venue le 4 juin chez les parents de Louise, pour leur demander d'y être logée pour la nuit. La mère refusa d'abord en l'absence de son mari. Elle accepta un peu par contrainte devant l'insistance de la femme, sachant qu'elle devait aller soigner son bétail.

Profitant de cette absence, la vieille d'approcha de Loyle et de deux de ses sœurs moins âgées qu'elle qui se chauffaient près du feu. Elle donna à Loyle une croûte de pain ressemblant à du fumier qu'elle lui fit manger en lui faisant promettre de ne rien dire sinon elle la tuerait et la mangerait (ce sont ses mots, dira l'enfant). Loyle, le jour suivant, se trouva possédée.

La mère déposa sur son refus d'accueillir la Françoise, et les parents sur la maladie de leur fille. Ces dépositions furent confirmées par Loyle. Bien qu'elle fût fort jeune, on aurait pensé à ses expressions qu'elle était âgée de trente à quarante ans.

Le juge fit arrêter Françoise Secrétain, et réduite (mise) en prison.

Interrogatoire et confession de Françoise Secrétain

Françoise Secrétain demeura trois jours en prison sans vouloir se confesser. Elle se disait innocente du crime dont elle était accusée et qu'on lui faisait grand tort de la retenir.

En la voyant, elle paraissait la femme la plus honnête du monde d'autant qu'elle parlait toujours de la Vierge Marie, des saints et saintes du Paradis. En outre, elle avait toujours son long chapelet en main qu'elle feignait d'utiliser en disant moult prières. Le juge constata qu'une partie de la croix manquait, ébréchée. On tira de ce fait un indice contre elle.

Pendant son interrogatoire, on porta une grande attention à ses faits et gestes. Quoiqu'elle s'efforçât de pleurer, aucune larme ne sortit. Cela constitua un second indice contre elle.

On s'efforça de la surveiller encore plus étroitement en lui faisant des menaces ordinaires en termes de justice. Rien n'y fit. Elle demeura stoïque.

Le jour suivant, on la pressa de dire la vérité, mais elle n'avoua rien. On décida de lui couper les cheveux et de changer ses habits en regardant si elle n'était point marquée sur le corps. Aucune marque n'était visible. On commença à lui raser les cheveux. Son comportement devint alors bizarre comme quelqu'un qui voulait s'exhiber. Ses cheveux étaient à peine tous tombés qu'elle commença à trembler de tout son corps.

C'est alors que débuta sa confession, disant qu'elle avait mis effectivement les cinq démons à Loyse Maillat.

Elle continua en reconnaissant s'être donné autrefois au diable qui avait la ressemblance d'un grand homme noir. Elle aurait connu aussi le diable charnellement quatre ou cinq fois, celui-ci prenant la forme d'un chien, d'un chat et d'une poule. Elle indiqua que la semence du diable était fort froide.

Elle avoua avoir été à de nombreuses fois aux sabbats se déroulant sous le village de Coyrières au lieu-dit les Combes, proche de l'eau. Elle y allait sur un manche de *remesse* (balai) blanc mis entre ses jambes. Au sabbat, elle avait dansé et battu l'eau pour faire la grêle.

Elle indiqua qu'avec le Gros Jacques Boquet, ils avaient fait mourir Loys (Louis) Monneret en lui faisant prendre un morceau de pain sur lequel ils avaient saupoudré une poudre blanche que le diable leur avait baillée (donnée) auparavant.

Elle déclara aussi avoir fait mourir plusieurs vaches qu'elle touchait de la main ou avec une baguette en disant certaines paroles.

La parole d'un enfant est-elle fiable ?

Le juge voulut que la sorcière complète ses confessions sur plusieurs points, ce qu'elle ne fit jamais sur deux des accusations.

La première était l'accusation du Gros Jacques de s'être mise en loup (pour devenir loup-garou et manger de la chair humaine).

La seconde était l'accusation de Loyse Maillard, disant que la sorcière la tuerait et la mangerait.

Même si la sorcière avait avoué ses crimes, et donc qu'il y avait matière de s'en saisir et de la mettre en prison, le juge semblait penser qu'il fallait se méfier de la véracité des dires d'un enfant si jeune.

Il indique que parfois « *les enfants sont volages et légers,* » et que pour peu il se laisse « *gaigner* » (entraîner).

Et le juge d'indiquer :

« *Joint qu'il ne faut pas facilement toucher à une personne quand il y va de la vie, ou de son honneur, à ce quoi le droit écrit a eu égard lorsqu'il a voulu que les preuves, en fait de crimes, fussent plus claires que le jour.* »

Il va retenir une grande partie de l'accusation. Françoise Secrétain ne fut pas condamnée à être brûlée, mais à une peine d'emprisonnement.

En fait, la dénonciation de l'enfant avait fait découvrir qu'il existait d'autres sorciers dans le village qui furent tous poursuivis.

Le juge se rapportant au Psaume 8, Verset 4, nous indique qu'un poète bourguignon[59] avait écrit, sur cette parole des enfants :

« *Et pour confondre ouvertement*
« *Tes ennemis sans jugement,*
« *Qui te fiant trop en en eux-mêmes,*
« *Opiniâtres et têtus,*

---

[59] CHASSIGNET, Jean-Baptiste, (1571-1635*), psaume VIII, Domine Dominus noster quam admirabil*e, 1608.

« Osent denier tes vertus
« Jetant mille horribles blasphèmes,
« En la bouche des enfançons (enfants)
« Te fait en diverses façons
« Retentir tes saintes louanges :
« Que sur le soir comme au matin
« D'un bégayement enfantin
« Chantent tes merveilles étranges. »

Une personne peut-elle envoyer des démons dans le corps d'une autre personne ?

Le cas de Françoise Secrétain avait suscité un véritable questionnement. La question pour le juge était de savoir si, de façon générale, un sorcier était capable d'envoyer des démons dans le corps de ses victimes.

Certains pensaient que cela ne pouvait être, car si le sorcier avait cette puissance, cela ne pouvait se faire qu'avec la permission de Dieu. C'était le cas de saint Paul envoyant Satan dans le corps du fornicateur de Corinthe et des hérétiques Hyménée et Alexandre.

Mais c'est ce que David dit dans le Psaume 77, verset 55 qui fut retenu par ces auteurs :

« Que Dieu a envoyé en eux l'ire (la colère) de son indignation, son courroux et son affliction qu'à cet effet, il s'est servi des mauvais anges. »

C'était aussi le cas de DelRio[60] dans ses *Recherches ou Controverses magiques.*

Mais le contraire était aussi vrai puisque de nombreux cas avaient été cités par Simon le Magicien, et naturellement par Henry Boguet. Le sorcier devait s'occuper des démons dont il avait la charge après son engagement avec le diable. Il lui fallait, sous peine de danger de mort pour sa propre vie, trouver un corps pour les loger. Le meilleur moyen se faisait par l'absorption de nourriture.

C'était le cas de l'enfant qui avait mangé cette croûte de pain ou des trois pommes données par Ieane (Jeanne) Rousseau à Claudine Rollet, transformées en trois diables. Quant à Pernette Pinay, elle fut possédée de six diables après avoir mangé une pomme et un morceau de bœuf à la sollicitation d'un sorcier.

Pour les juges et les ecclésiastiques, les sorciers utiliseraient le grand péché de la gloutonnerie, péché détestable devant Dieu qui était d'abuser des biens qu'il lui plaisait de nous communiquer.

« *Naturellement,* disaient-ils, *ces nourritures n'avaient pas été bénies.* »

Quand on connaît les difficultés pour se nourrir convenablement à cette époque, on peut très justement se poser des questions sur cette argumentation.

---

[60] DELRIO, Martin Antonio, (1551-1608. jésuite espagnol, *Recherches ou Controverses magiques*, 1599. Selon lui, il fallait se montrer intraitable envers les sorciers, y compris les enfants.

Si cela était effectivement le cas pour des adultes responsables, qu'en était-il pour les enfants innocents par essence et n'ayant pas offensé le Seigneur ?

Le juge pensait que cet acte se faisait avec la permission de Dieu. Pour étayer sa thèse, il prenait pour référence la mort des premiers-nés d'Égypte, du temps des pharaons. Pour lui, il n'y avait pas de doute : les péchés des pères étaient en partie la cause de ce malheur. Et pour cela, il s'appuya de nouveau sur un texte de l'Écriture (Exode 20) :

« *Que Dieu châtie les enfants pour l'iniquité de leurs pères et mères, jusqu'à la troisième et quatrième génération de ceux qui l'ont en haine.* ».

Si la personne est innocente, ce qui était le cas d'un enfant, le crime de la sorcière était d'autant plus grand puisque cet enfant ne pouvait se défendre des assauts des démons.

Ainsi, la qualité même de la victime accroît ou diminue le forfait. Le juge pensa que si Dieu permettait la possession des innocents, c'était pour accroître l'enfer des sorciers !

Clauda Gaillard, dite la Fribotte

Henry Boguet, nous livre un autre cas, celui de Clauda Gaillard dite la Fribotte.

Sa réflexion était de dégager une philosophie sur la portée des maléfices envoyés par une sorcière ou un sorcier vers une victime et sur la manière dont on devait en tirer des preuves amenant à condamnation.

Les maléfices

Les sorcières et sorciers étaient experts dans l'art des maléfices, que cela soit sur les humains ou les animaux. Parmi ces maléfices principaux, celui qui plonge la victime dans un profond sommeil, cause l'impuissance ou la perte d'un être cher, ceux qui entraînent la maladie...

Au début du 14ᵉ siècle, le dominicain allemand Johannes Nider[61] (1380-1438) avait recensé sept manières principales d'exercer le *maleficium* :
- *Créer des sentiments d'adultère chez l'homme ou la femme,*
- *Inspirer des sentiments de haine envers autrui,*
- *Empêcher la procréation chez la personne maléficiée,*
- *Rendre les gens malades,*
- *Entraîner la mort,*
- *Ôter l'usage de la raison,*

---

[61] NIDER, Johannes, *Formicarius*, 1484.

- *Chercher les occasions de nuire d'une façon ou de l'autre à un individu ou à ses biens.*

Celui qui revenait le plus souvent était le *nouement de l'aiguillette*. Afin de frapper un homme d'impuissance, il suffisait au sorcier de faire un nœud à une corde ou à une simple ficelle représentant l'homme que l'on souhaitait maudire.

Dans les cas bénins, la tradition admettait que l'on pouvait empêcher l'effet des maléfices par de simples actions. Par exemple, en se lavant les mains le matin avec de l'urine ou en se crachant sur la poitrine. Pour les sortilèges plus importants, le contre-envoûtement était plus efficace comme le transfert de fluide magique.

L'Église cependant repoussait ces superstitions et recommandait d'avoir recours à des moyens plus… catholiques : l'usage des sacrements, l'exorcisme, le don aux œuvres, le signe de croix, les reliques des saints, l'eau bénite…

Les accusations contre la Fribotte

Ayant rencontré dans l'église des Bouchoux Clauda Perrier, elle lui souffla au visage. Aussitôt, celle-ci devint impotente et mourut misérablement. Elle en fit de même avec Marie Périer.

Voici les fondements de la condamnation.

« *Elle avait le commun bruit contre elle (sa réputation),*

« *On ne la vit jamais jeter une seule larme, quel que soit l'effort qu'elle fit de pleurer,*

« Elle se servait ordinairement en ses réponses d'imprécations exécrables,

« Elle se condamna, comme le Baillu avant que d'être accusée ; d'autant que comme on lui demanda entre autres choses, si Humbert Guichon était marié, elle répondit que oui et que sa femme se nommait Marie Perrier.

« À l'instant, elle ajouta de son propre mouvement qu'elle n'aurait jamais fait de mal à cette femme, et toutefois c'était la femme qu'elle avait faite malade en lui soufflant au visage.

« Elle fut convaincue dans sa confrontation avec l'Aranthon (déjà cité). Car comme on l'avait fait venir avec une autre femme dans la chambre, où les Officiers étaient, l'Arenthon la reconnut et maintint qu'elle était venue au sabbat sous le village de Coyrieres, avec d'autres qu'elle nomma.

« Elle varia souvent dans ses réponses,

« Finalement, elle était chargée de plusieurs actes de sorcellerie et même d'avoir fait malades Marie Perrier et Clauda Perrier, en leur soufflant contre le visage. Mais aussi, d'avoir fait mourir six chèvres à Pierre Perrier, et d'avoir encore fait (rendu) malade une jument de Jean Perrier, le l'avoir guérie peu après, et de s'être en outre mise en loup. »

La tradition veut qu'elle soit condamnée, mais je n'ai pas retrouvé la trace du jugement.

Les signes de reconnaissance d'une personne victime

Dans son ouvrage *Discours exécrable des sorciers*, Henry Boguet énumère les signes permettant de reconnaître les personnes victimes de maléfices.
- *La présence d'une maladie que ne peuvent diagnostiquer les médecins et/ou une maladie inconstante variant d'intensité selon les jours et les heures,*
- *L'existence d'une douleur indéfinissable qui fait que le patient jette des soupirs, perd l'appétit, éprouve des douleurs à l'estomac, au cœur, aux reins,*
- *L'impuissance sexuelle à remplir le métier de Vénus,*
- *L'apparition de sueurs nocturnes, d'un manque de forces, de crampes et de mélancolie.*

La liberté de conscience d'une possédée

Les démonologues, juristes et parlementaires firent des distinctions subtiles entre l'obsession et la possession, en cherchant à concilier l'influence démoniaque avec la liberté humaine. Des traités complets furent écrits pour essayer de donner des clés à ces mystères[62].

Dans un arrêt du Parlement de Dole du 1er novembre 1600, qui condamne une sorcière à être brûlée, on remarque les attendus suivants.

« Qu'il est certain que l'accusée a été possédée par des démons, il y a incertitude sur la question de savoir si elle l'était au moment où elle s'est rendue aux réunions nocturnes des sorciers ; que les démons n'ont pas sur les possédés un pouvoir absolu, mais un pouvoir limité, et qu'e l'état de possession, la créature n'est pas inhabile à bien mériter de Dieu, ni à se rendre coupable envers lui.

« Que s'il est des possédés constamment obsédés par le démon, d'autres, au contraire, ont des moments de calme et de lucidité.

« Que pendant l'obsession, les démons se servent des corps qu'ils habitent comme un instrument, et qu'en cet état, les actes appartiennent au démon, et non au possédé.

« Que dans les instants lucides, les démons sont tenus, tout au plus sont tentateurs (et donc) que les possédés disposent de leur liberté et doivent répondre de leurs actes. »

---

[62] BOUNET, Les manières admirables pour découvrir toutes sortes de crimes et sortilèges..., Paris, 1672. Registres du Parlement de Dole.

Références bibliographiques

AUGE, Daniel, Jean d', Arrest mémorable de la cour de parlement de Dole, édition Jean Savine, 1574, Bibliothèque Nationale.

AUTUN, Jean d', *l'incrédulité savante et la crédulité ignorante*, Lyon, 1661.

BERANGER-FERAUD, *Superstitions et survivances étudiées au point de vue de leurs origines et de leurs transformations*. Leroux, 1896.

BERTHERAND, E.L., *Quelques mots sur la sorcellerie dans le Jura*, Bulletin de la Société d'agriculture, sciences et arts de Poligny (Jura), 1864.

BOGUET, Henry, *Discours des sorciers. Tiré de quelques procez, faicts dez deux ans en ça à plusieurs de la mesme secte, en la terre de S. Oyan de Ioux, dicte de S. Claude au Comté de Bourgongne*, 1602.

BOGUET, Henry, *Discours exécrable des sorciers, ensemble leur procez, faits depuis deux ans en ça, en divers endroits de la France, avec une instruction pour un juge, en faict de sorcellerie*, 1603.

BOGUET, Henry, *Discours des sorciers avec six advis en faict de sorcellerie et une instruction pour un juge en semblable matière*, 1608.

BORDELON, Laurent, (abbé), *Hist. de M. Ouffle*.

BOUNET, *Les manières admirables pour découvrir toutes sortes de crimes et sortilèges...*, Paris, 1672. Registres du Parlement de Dole (Franche-Comté).

CHASSIGNET, Jean-Baptiste (1571-1635*), psaume VIII, Domine Dominus noster quam admirabile*, 1608.

DELACROIX, Frédéric, *Les procès de sorcellerie au XVIIe siècle*, G. Harvard fils éditeur, 1896.

DELRIO, Martin Antonio, (1551-1608. *Recherches ou Controverses magiques,* 1599

DEY, Aristide. *Histoire de la sorcellerie au Comté de Bourgogne*, Vesoul, 1861.

FAUCONNET, Alfred, *Bulletin de la société d'agriculture, sciences et arts de Poligny*, 1868.

GIRARDOT, Louis-Abel, *Bulletin de la Société d'émulation du Jura*, 1888.

GRAVIER, Gabriel, *Franche-Comté, pays des légendes*.

MICHELET, Jules*, Décadence morale du XVIIe siècle, La Sorcière*, 1862.

MONNIER, Désiré, *Traditions populaires comparées: mythologie, règnes de l'air et de la terre*, 1854.
MONNIER, Désiré, VINGTRINIER, Aimé, *Croyances et traditions populaires recueillies dans la Franche-Comté, le Lyonnais, la Bresse et le Bugey* (2e édition), 1874.
NIDER, Johannes, *Formicarius*, 1484.
PETREQUIN, Pierre, BAUDAIS, Dominique, *Les sites littoraux néolithiques de Clairvaux-les-Lacs (Jura)*, Éditions MSH, 1989.
RAVERAT, Baron, *allées du Bugey, excursions historiques*…. 1867
ROUSSET, Alphonse, *Dictionnaire géographique, historique et statistique des communes de la Franche-Comté , 1853-1858,* six volumes.
SEBILLOT, Paul, *Le folklore de France, Tome 1V, Le peuple et l'histoire,* Guilmoto 1908.
THURIET, Charles-Emilien, *Traditions populaires de la Haute-Saône et du Jura*, 1892.
TROYON, Fréderic, *Habitations lacustres des temps anciens et modernes*, Lausanne 1860.
WIER, Jean, *De Prestigiis et Incantationibus*, traduction de Jacques GREVIN, 1667.
WIERUS, Johannes, *De praestigiis daemonum*, 1568.

Retrouver un lieu

Acey (Gendrey) 38
Amanges 103
Authume 103
Arinthod 16, 44, 46
Arloz 72, 73
Bouchoux (les) 86, 109, 116, 142
Chalain (Lac de) 9 à 12
Chambly (Lac de) 13
Château-Chalon 106
Chaumergy 37, 100
Choisey 17, 27
Clairvaux-les-lacs 9, 13, 39
Coisia 4
Commenailles 30, 100
Conliège 13
Coyrieres 76, 86, 90, 117, 127, 133, 136, 143
Croya (La) 107
Dole 17, 28
Doucier 11
Foncine-le-Haut 19, 42
Fontenu 9, 10
Longchaumois 76, 90, 106
Lons-le-Saunier 4, 12, 13
Loulle 5 à 8
Marigny 9, 11
Menétrux-en-Joux 13

Moirans-en-Montagne 101, 106
Molain 20, 21
Molunes (Les) 86
Mouille (La) 90
Nevy-lès-Dole 28, 29
Nezan (devenu Montcusel) 90, 106
Orsière 106
Oyen/Oyend (saint) – voir Saint-Claude
Parthey (Choisey) 18
Poligny 3, 4, 9, 22, 25, 26, 55, 105, 106
Quintigny 90, 96, 115
Relans 30
Rochefort-sur-Nenon 103, 106
Saint-Claude 67, 68, 75, 79, 86 à 88, 133
Septmoncel 74, 86
Sirod 52, 54
Vaux-sur-Poligny 26
Vescles 35, 43
Villard-saint-Sauveur 86, 107

Ouvrages disponibles de l'auteur [63]

- Vauban le bourguignon (Éd. Bourgogne) * – Récit
- Réflexions maçonniques en Loge symbolique (Doyen) * –
- Les Mystères de la Côte d'Or (De Borée) – Récit
- Les nouveaux Mystères de Saône-et-Loire (De Borée) – Récit
- Les nouveaux Mystères du Jura (De Borée) – Récit
- La méthode M3C - Réussir un changement dynamique, stable et durable - coauteur avec Alessandro Biscaccianti (A2C Média) – Management *
- Les Mystères de la Savoie (De Borée) – Récit
- Haine tenace (Éd. Hérisson) * – Roman historique
- Les Mystères des Hautes-Alpes (De Borée) – Récit
- Les Mystères de Bourgogne (De Borée collectif) – Récit
- Les Mystères de Rhône-Alpes (De Borée - collectif) – Récit
- Les Mystères de Saint-Jacques de Compostelle. (De Borée) –Histoire et documents.
- Les Francs-maçons d'Orient (Éd. maçonniques) * – Essais
- Hymnes des cousins charbonniers (Temps impossibles) * – Histoire et documents
- Les recettes de Da ti Clé (BoD)* - Cuisine
- Secrets et légendes de l'Ain #1 (BoD)* – Récit
- Secrets et légendes du Jura #1 (BoD)* – Récit
- A la quête du Moyen Âge (BoD)* – Histoire et documents

Blog auteur : www.alain-lequien.fr
Blog Compostelle : www.bourguignon-la-passion.fr

---

[63] *Ces ouvrages dédicacés avec * sont disponibles auprès de l'auteur ; contact a.lequien@yahoo.fr Les ouvrages BoD peuvent être commandés directement en ligne : www.bod.fr.*

Autres ouvrages non disponibles

- Les Maîtres de l'œuvre (tome 1) (auto) – Récit
- Les mots du Moyen Âge (auto) –Essais
- Les Mystères de Saône-et-Loire (De Borée) – Récit
- Les Mystères de l'Ain (De Borée) – récit
- Les Mystères du Jura (De Borée) – Récit
- Dictionnaire des mots du Haut Moyen Âge (Doyen)

Conférences (thèmes abordés)

- Sur la route des Étoiles, le Chemin de Compostelle
- Les bons cousins charbonniers en forêt de Chaux (Jura)
- Vauban le bourguignon, précurseur du siècle des Lumières
- Le rôle du maître d'œuvre du Moyen Âge, ou l'art royal de la construction

Contact : Alain Lequien : *a.lequien@yahoo.fr*

Table des matières

TRACES DES TEMPS ANTIQUES **3**

AU TEMPS DES DINOSAURES... 3
    Le reptile terrifiant de Poligny.. *3*
    Les traces de dinosaures de Coisia................................. *4*
    Les pistes de dinosaures de Loulle *5*
LES PALAFITTES DU LAC DE CHALAIN 9
LES TUMULUS DE MENETRUX-EN-JOUX 13
LES TEMPS DRUIDIQUES 15
    La Pierre Enon, à Arinthod *16*
    La Croix-qui-vire du Bon-Repos, à Choisey *17*
    Le Menhir de la Cheverie, à Foncine-le-Haut *19*
    Le Champ du Milieu de Molain *20*
    La Pierre qui vire, de Poligny... *22*

FANTOMES ET ESPRITS.. **23**

FANTOMES, SPECTRES, ESPRITS, LIEUX HANTES 23
HISTOIRES DE FEES ET DAMES BLANCHES..................................... 24
    Le cadeau des fées *24*
    Les Dames blanches de Poligny *25*
    Enlèvement des voyageurs, au bois de la Fau............... *27*
    La Dame blanche du Mont Saint à Nevy-lès-Dole......... *28*
    Les Dames vertes de Relans et de Cosges *30*
    La Dame rouge de Jeurre *31*
QUELQUES HISTOIRES DE CHASSE NOCTURNE............................... 33
    La chasseresse de Moissey.. *33*
    La chasse du bois d'Oliferne (près de Vescles) *35*
QUELQUES HISTOIRES D'ESPRITS 37
    L'esprit de la Codre *37*
    L'esprit du Fiestre en pays de Dole............................... *38*
    Le servant Carabin, à Monan *39*
    Le Luton de Bellefontaine.. *41*

La colère du Luton de Poutin.. 42

LEGENDES JURASSIENNES 43

LES TRAÏ DANIZELLAS D'OLIFERNE... 43
LE MOINE ROUGE ET LA DAME VERTE... 48
LES COMMERES DE SIROD 52
LA GROTTE DU PENITENT DE POLIGNY 55

LA SORCELLERIE DANS LE JURA 63

UN DOMAINE MYSTERIEUX DE L'HISTOIRE DE L'HUMANITE 63
HENRY BOGUET, GRAND JUGE DE SAINT-CLAUDE......................... 67
Le juge, démonologue et légiste 67
Discours des sorciers 68
Instruction pour un juge en faict de sorcelerie.............. 70
…Six advis en faict de sorcelerie…................................. 72
Le Comté de Bourgogne à cette époque 75
DE LA PUISSANCE DU DIABLE AU 17^E SIECLE................................. 77
Vision de Jules Michelet dans La Sorcière 77
La puissance du diable 79
LES POUVOIRS DES SORCIERS 83
Magie blanche, magie noire 83
Les maléfices des sorciers du Jura................................ 85
Les bienfaits des sorciers du Jura 87
LA PRATIQUE DU SABBAT... 89
Comment se déroulait-il ?.. 89
Le déroulement de la cérémonie................................. 91
Une sorcière au sabbat… par la pensée 94
Le sabbat de Quintigny 96
INDICES PERMETTANT DE CONFONDRE UN SORCIER....................... 97
Les indices graves :.. 97
Les indices légers... 98
LES SORCIERS LOUPS GAROUS DU JURA 99
Le bûcheron loup-garou de Commenailles.................. 100
Pernette Gandillon, le loup-garou de Moirans............ 101

Gilles Garnier, l'ermite loup-garou	*103*
Les trois sorciers loups garous de Poligny	*105*
D'autres histoires de loups-garous	*106*
ROLANDE DUVERNOIS, POSSEDEE OU SORCIERE	107
Rolande, la possédée	*107*
Rolande, la sorcière	*109*
Un sorcier peut-il nuire à un autre sorcier ?	*113*
RELATIONS CHARNELLES AVEC LE DIABLE	115
GUILLAUME VUILLERMOZ, SORCIER, DIT LE BAILLU	117
Confrontation entre le père et le fils	*118*
Doit-on inhumer en terre sainte un homme accusé de sorcellerie, mort en prison ?	*122*
Comment traiter les enfants de sorciers ?	*125*
FRANÇOISE SECRETAIN, LA SORCIERE	133
La possession de Loyse Maillat, huit ans	*133*
Interrogatoire et confession de Françoise Secrétain	*135*
La parole d'un enfant est-elle fiable ?	*136*
Une personne peut-elle envoyer des démons dans le corps d'une autre personne ?	*138*
CLAUDA GAILLARD, DITE LA FRIBOTTE	141
Les maléfices	*141*
Les accusations contre la Fribotte	*142*
Les signes de reconnaissance d'une personne victime	*144*
LA LIBERTE DE CONSCIENCE D'UNE POSSEDEE	145
REFERENCES BIBLIOGRAPHIQUES	147
RETROUVER UN LIEU	149
OUVRAGES DISPONIBLES DE L'AUTEUR	151
CONFERENCES (THEMES ABORDES)	152

© 2019, Lequien, Alain
Edition : Books on Demand,
12/14 rond-Point des Champs-Elysées, 75008 Paris
Impression : BoD - Books on Demand, Norderstedt, Allemagne
ISBN : 9782322127399
Dépôt légal : janvier 2019